William Shakespeare
(1564-1616)

William Shakespeare nasceu e morreu em Stratford, Inglaterra. Poeta e dramaturgo, é considerado um dos mais importantes autores de todos os tempos. Filho de um rico comerciante, desde cedo Shakespeare escrevia poemas. Mais tarde associou-se ao Globe Theatre, onde conheceu a plenitude da glória e do sucesso financeiro. Depois de alcançar o triunfo e a fama, retirou-se para uma luxuosa propriedade em sua cidade natal, onde morreu. Deixou um acervo impressionante, do qual destacam-se clássicos como *Romeu e Julieta, Hamlet, A megera domada, O rei Lear*, *Macbeth, Otelo, Sonho de uma noite de verão, A tempestade, Ricardo III, Júlio César, Muito barulho por nada* etc.

Livros do autor na Coleção **L&PM** POCKET:

As alegres matronas de Windsor – Trad. de Millôr Fernandes
Antônio e Cleópatra – Trad. de Beatriz Viégas-Faria
A comédia dos erros – Trad. de Beatriz Viégas-Faria
Como gostáis seguido de Conto de inverno – Trad. de Beatriz Viégas-Faria
Bem está o que bem acaba – Trad. de Beatriz Viégas-Faria
Hamlet – Trad. de Millôr Fernandes
Henrique V – Trad. de Beatriz Viégas-Faria
Júlio César – Trad. de Beatriz Viégas-Faria
Macbeth – Trad. de Beatriz Viégas-Faria
A megera domada – Trad. de Millôr Fernandes
Muito barulho por nada – Trad. de Beatriz Viégas-Faria
Noite de Reis – Trad. de Beatriz Viégas-Faria
O mercador de Veneza – Trad. de Beatriz Viégas-Faria
Otelo – Trad. de Beatriz Viégas-Faria
O rei Lear – Trad. de Millôr Fernandes
Ricardo III – Trad. de Beatriz Viégas-Faria
Romeu e Julieta – Trad. de Beatriz Viégas-Faria
Shakespeare de A a Z (Livro das citações) – Org. de Sergio Faraco
Sonho de uma noite de verão – Trad. de Beatriz Viégas-Faria
A tempestade – Trad. de Beatriz Viégas-Faria
Tito Andrônico – Trad. de Beatriz Viégas-Faria
Trabalhos de amor perdidos – Trad. de Beatriz Viégas-Faria

Leia também na Coleção **L&PM** POCKET:

Shakespeare – Claude Mourthé (Série Biografias)

William Shakespeare

NOITE DE REIS

Tradução de Beatriz Viégas-Faria

www.lpm.com.br

L&PM POCKET

Coleção **L&PM** POCKET, vol. 361

Texto de acordo com a nova ortografia.

Título do original: *Twelfth Night*
(Edição consultada: The Arden Shakespeare. London: Methuen, 1975)

Primeira edição na Coleção **L&PM** POCKET: maio de 2004
Esta reimpressão: julho de 2011

Capa: Ivan Pinheiro Machado sobre Gerrit van Honthorst, *Músico risonho com violino sob o braço esquerdo* (1624). Óleo sobre tela, 81,7 x 65,2. Marchands Johnny van Haeften, Londres e Otto Naumann, Nova York
Tradução: Beatriz Viégas-Faria
Revisão: Jó Saldanha e Antônio Falcetta

S527n

Shakespeare, William, 1564-1616.
Noite de Reis / William Shakespeare; tradução de Beatriz Viégas-Faria. – Porto Alegre: L&PM, 2011.
144 p. ; 18 cm – (Coleção L&PM POCKET; v.361)

ISBN 978-85-254-1314-7

1. Ficção inglesa-teatro-comédias-Shakespeare.

I. Título. II. Série.

CDD 822.33Q7-8
CDU 821.111 Shak

Catalogação elaborada por Izabel A. Merlo, CRB 10/329.

Rua Comendador Coruja 314, loja 9 – Floresta – 90.220-180
Porto Alegre – RS – Brasil / Fone: 51.3225.5777 – Fax: 51.3221.5380

Pedidos & Depto. Comercial: vendas@lpm.com.br
Fale conosco: info@lpm.com.br
www.lpm.com.br

Impresso no Brasil
Inverno de 2011

DÉCIMA SEGUNDA NOITE
e outras observações introdutórias

Beatriz Viégas-Faria

Nesta peça de Shakespeare, o título do texto em língua inglesa (*Twelfth Night*) refere-se à décima segunda noite depois do dia de Natal; é a noite do dia 6 de janeiro, Dia de Reis. Dentro da tradição britânica, o Dia de Reis é feriado que encerra o ciclo de festejos natalinos, e o costume diz que patrões presenteiam empregados, você presenteia o carteiro que lhe traz a correspondência etc. E divertir-se era a ordem do dia em tempos elizabetanos, pois um clima próximo ao de celebrações carnavalizadas deveria governar a Festa da Epifania.

Descobre-se nesta peça de Shakespeare um grupo de personagens armando uma cilada para fazer de bobo Malvólio, personagem que não sabe se divertir e muito menos aceitar a diversão dos outros. A brincadeira, aos nossos olhos, acostumados ao "politicamente correto" deste século XXI, pode parecer cruel demais – mas esta é uma peça escrita na primeira década do século XVII, quando então amarrar um urso vivo a um poste e soltar cachorros ferozes contra ele era um entretenimento popular.

Uma segunda personagem da peça que não está imbuída do espírito de diversão naquele Dia de Reis é Olívia, que guarda luto severo pela perda de seu irmão – até que isso perde sua importância quando ela conhece Cesário e por ele se apaixona. Aqui entra a genialidade shakespeariana, lidando de modo magistral com questões de amores não correspondidos, afetos impossíveis, identidades falseadas, e levando a trama cômica a um final feliz de acertamentos amorosos. Como Cesário não é ele, e sim ela (Viola disfarçada de homem), temos Olívia apaixonando-se por Cesário que, sendo Viola, apaixonara-se por Orsino, que por sua vez usava Cesário para declarar seu amor a Olívia, até que ressurge em cena – e vem compor a ciranda – Sebastião, irmão gêmeo de Viola.

As falas de Viola/Cesário são preciosas, sempre ambíguas, dado que ela está falando como mulher ao mesmo tempo em que sabe que seus interlocutores estão certos de estarem conversando com um rapaz.

Uma peculiaridade da linguagem da peça – para nós, falantes do português – é como Olívia e Sir Toby referem-se um ao outro usando das expressões "meu tio" e "minha sobrinha", mas também empregando as palavras "primo" e "prima", pois em língua inglesa o sentido de "primo" pode incluir a definição do parentesco que há entre tios e sobrinhos. Por outro lado, uma característica das peças shakespearianas é de não serem 100% consistentes, tanto que ao longo da história das sucessivas edições desses textos, os seus vários editores cometeram aqui e ali diferentes acertos no léxico e na sintaxe dos manuscritos originais. Assim é que Olívia e Sir Toby tanto poderiam ser sobrinha e tio, como poderiam ser primos. Mas o fato de tios e sobrinhos referirem-se uns aos outros como "primos" na Inglaterra do tempo de Shakespeare foi o que se quis preservar nesta tradução para o português.

Quanto ao subtítulo da peça – *or, what you will* –, em geral traduzido como "ou o que quiserdes" ou "ou o que quiserem", a presente versão optou por traduzi-la como "ou qualquer outra coisa", pois no texto há uma fala de Olívia (Ato 1, cena V) em que ela diz: "*What you will, to dismiss it*". Como a presente tradução valeu-se de "Ou qualquer outra coisa para dispensar essa visita" nessa fala, preserva-se essa solução tradutória no subtítulo.

Como observa Catherine Bates*, apesar de o título da peça referir o Dia de Reis (pleno inverno no hemisfério norte), a trama estende-se por três meses, o espírito festivo perdura, e Shakespeare situa esta comédia romântica num tempo indefinido, pois é esse o tempo para a diversão, comida e bebida e amores apaixonados – por exemplo, Olívia (Ato 3, cena IV) define o estranho comportamento de Malvólio como "maluquice de meio de verão".

* "Love and courtship", *in:* LEGGATT, A. (ed.). The Cambridge Companion to Shakespearean Comedy. Cambridge: Cambridge University Press, 2002. p. 102-122.

No espaço fictício de Ilíria, os amores acontecem e desacontecem, o ser amado a um tempo pode ser um e a outro tempo pode ser outro. Não deixa de ser uma visão cética sobre o amor, que em *Noite de Reis* revela-se altamente circunstancial – e na maioria das vezes romanticamente cômico, ou comicamente apaixonado.

Maio de 2004

PERSONAGENS DA PEÇA

Orsino, *Duque de Ilíria*
Valentino | **Cúrio** — *nobres a serviço do Duque*
Primeiro Oficial de Justiça | **Segundo Oficial de Justiça** — *a serviço do Duque*
Viola, *mais tarde disfarçada de* Cesário
Sebastião, *o irmão gêmeo de Viola*
Capitão *do navio naufragado, aos poucos tornando-se amigo de Viola*
Antônio, *outro capitão do mar, aos poucos tornando-se amigo de Sebastião*
Olívia, *uma condessa*
Maria, *dama de companhia de Olívia*
Sir Toby Belch*, *parente de Olívia*
Sir Andrew Aguecheek**, *amigo de Sir Toby*
Malvólio, *administrador dos bens de Olívia*
Fabiano, *pessoa da casa de Olívia*
Feste (o palhaço), *um bufão a serviço de Olívia*
Criado *de Olívia*
Padre
Músicos, Lordes, Marinheiros, Serviçais.

Cenário: Ilíria, e um outro território, mais adiante na costa do Adriático.

---

* Belch = arroto.

** Aguecheek = de faces esquálidas.

Noite de reis
(ou qualquer outra coisa)

PRIMEIRO ATO

Cena I

Um aposento no palácio do Duque.

[Música.] Entram Orsino, Duque de Ilíria, Cúrio e outros Lordes.

DUQUE – Se a música é o alimento do amor, não parem de tocar. Deem-me música em excesso; tanta que, depois de saciar, mate de náusea o apetite. Aquela toada de novo, com uma cadência que vai morrendo no final – ah, ela chegou aos meus ouvidos como o suave som que respira sobre um monte de violetas, roubando e devolvendo aromas. Basta, já chega! Não é mais tão suave como era antes. Ah, espírito do amor, como sois ávido e voraz – tanto que, indiferente à vossa capacidade, devorais tal qual os oceanos, e nada em vós adentra, independentemente de seu valor e nobreza, que não caia em anulação, que não passe a ter menor valia, até mesmo em questão de um minuto! Tantas formas abriga a imaginação amorosa, que chega a ser ela mesma fantástica.

CÚRIO – O senhor vai sair para caçar, milorde?

Duque – O quê, Cúrio?

Cúrio – Um cervo.

Duque – Ora, sim, sou eu, um cervo, o mais nobre que há. Ah, quando meus olhos viram Olívia pela primeira vez, a mim pareceu-me que ela purgava o ar de todas as pestilências. Naquele instante transformei-me em um cervo, e os meus desejos desde então me perseguem, como cruéis e cruentos cães de caça.

Entra Valentino.

E então? Que notícias me trazes dela?

Valentino – Com sua licença, senhor, tenho a dizer que não fui recebido; mas da criada dela trago esta resposta: até que se tenha passado o calor de sete verões, o próprio ar não terá a visão de seu rosto descoberto; ela usará um véu, andará como freira enclausurada, umedecerá seus aposentos uma vez ao dia com a água e sal que lhe fere os olhos. Isso tudo para conservar o falecido afeto de um irmão, que ela deseja manter vivo e permanente em sua triste lembrança.

Duque – Ah, ela, essa que tem um coração construído de delicadeza, a ponto de pagar essa dívida de amor para com um irmão, como não irá ela amar, quando a rica e dourada seta de Cupido tiver matado o rebanho de todas as outras afeições que nela habitam; quando o fígado*, a mente e o

* O fígado era tido como o órgão da paixão, centro de onde emanavam os sentimentos apaixonados, enquanto o coração era tido como o órgão das emoções. (N.T.)

coração, esses tronos soberanos, estiverem todos supridos e preenchidos com as doces perfeições de um mesmo e único rei! Vamos, andando, vocês vão na frente, rumo a doces canteiros de flores! Ideias de amor são mais preciosas sob o dossel de um caramanchão.

[Saem.]

Cena II

*Ilíria.**

Entram Viola, um Capitão e marinheiros.

Viola – Que país, amigos, é este?

Capitão – Ilíria, senhora.

Viola – E o que vou fazer eu em Ilíria? Meu irmão está em Elísio, a morada dos que partiram. Mas pode ser que ele não tenha se afogado; o que vocês acham, marinheiros?

Capitão – Foi por muita sorte que a senhora salvou-se.

Viola – Ah, meu pobre irmão! Então pode ser que por muita sorte ele também se tenha salvo.

Capitão – É verdade, madame, e, para consolá-la com a sorte, assegure-se do seguinte: depois que nosso navio partiu-se ao meio, quando a senhora e

* Iugoslávia. (N.T.)

os poucos que com a senhora salvaram-se agarrados em seu bote arrastado pela tormenta, avistei o seu irmão, muito previdente no perigo, grudar-se (coragem e esperança ensinando-lhe a prática) bem-grudado a um mastro forte que sobreviveu na superfície do mar, lá onde, como Arion nas costas do golfinho, eu o vi, familiarizando-se com as ondas, tanto quanto eu pude ver até não enxergá-lo mais.

VIOLA – O que me dizes vale este ouro. Eu própria ter me salvado justifica minha esperança, e minha esperança encontra respaldo no que acabas de me contar, que também ele pode ter escapado. Conheces este país?

CAPITÃO – Sim, madame, e bem, pois nasci e me criei a menos de três horas de viagem daqui de onde estamos.

VIOLA – E quem governa este lugar?

CAPITÃO – Um duque de alta nobreza, tanto no nome como na índole.

VIOLA – E qual o nome dele?

CAPITÃO – Orsino.

VIOLA – Orsino! Uma vez ouvi meu pai falando dele. Era um homem solteiro naquela época.

CAPITÃO – E ainda o é, ou pelo menos o era até bem pouco tempo. Faz apenas um mês eu ainda estava aqui, e corriam boatos (como a senhora sabe, quem é menos importante gosta de conversar fiado sobre o que fazem as pessoas ilustres); corriam boatos de que ele procurava obter o amor da bela Olívia.

Viola – E quem é ela?

Capitão – Uma donzela de grande virtude, filha de um conde que morreu há coisa de um ano, deixando-a sob a guarda do filho, seu irmão, que logo depois também morreu. E pelo amor que o irmão lhe tinha (é o que dizem), ela renunciou à companhia masculina e mesmo à simples visão de homens.

Viola – Ah, meu desejo seria servir a essa dama, sem que ninguém soubesse quem sou, até eu ver amadurecido o momento de revelar minha identidade.

Capitão – Esse seria um plano difícil de levar a cabo, porque ela não admite nenhuma espécie de solicitação, nem mesmo do Duque.

Viola – Capitão, tua pessoa mostra boas maneiras, uma atitude bonita. Embora uma natureza assim, de belos muros, encerre em si muitas vezes um ar poluído, estou pronta a acreditar que tens pensamentos condizentes com tua bela aparência. Eu te suplico (e te pagarei generosamente): esconde de todos quem eu sou, e sê meu ajudante, pois esse disfarce, se der certo, vai tornar-se a própria forma de meu intento. Vou colocar-me a serviço desse duque. Vais me apresentar a ele: eu, um eunuco. Essa incomodação pode valer-te a pena, pois eu sei cantar, e posso falar com ele através da música, com vários instrumentos e voz. Isso vai provar que posso muito bem estar a serviço dele. O que mais venha a acontecer, eu entrego nas mãos do tempo. Peço apenas que ajustes o teu silêncio ao meu engenho.

Capitão – Se a senhora for o eunuco do Duque, sou desde agora o seu servo mudo. Que meus olhos deixem de enxergar se eu der com a língua nos dentes.

Viola – Eu te agradeço. Mostra-me o caminho.

[Saem.]

Cena III

Na casa de Olívia.

Entram Sir Toby Belch e Maria.

Sir Toby – Mas que praga é esta que minha sobrinha inventou, tomando a morte do irmão dessa maneira? Estou certo de que preocupar-se é declarar guerra à vida.

Maria – Aceite minha palavra, Sir Toby: o senhor deve chegar mais cedo quando é noite. Sua prima, minha ama, faz grande objeção às horas impróprias em que o senhor aparece.

Sir Toby – Ora, deixe que ela faça objeções impróprias.

MARIA – Sim, mas o senhor deveria confinar-se aos modestos limites da ordem.

SIR TOBY – Confinar? Ora, eu não me confino nem em roupas mais finas que eu. Estas aqui são boas o suficiente para se tomar um trago, e as botas também. Se as botas não são boas, é melhor que se enforquem nos próprios cadarços.

MARIA – Todo esse gargolejar e essa bebedice ainda vão arruinar o senhor. Escutei minha ama falar disso ainda ontem; e de um fidalgo ridículo que o senhor trouxe até aqui uma noite dessas para que lhe fizesse a corte.

SIR TOBY – Quem? Sir Andrew Aguecheek?

MARIA – Esse mesmo.

SIR TOBY – Ele é dos homens de mais alta estatura em Ilíria.

MARIA – E o que isso tem a ver com o seu propósito?

SIR TOBY – Mas, ora, ele tem três mil ducados por ano.

MARIA – Sim, mas ele não tem mais de um ano nesses ducados todos. Ele é um homem tolo, e pródigo.

SIR TOBY – Que vergonha, você dizendo isso! Ele toca viola de gamba, e fala três ou quatro línguas, palavra por palavra, e sem a ajuda de livros, e tem todos os bons dotes da natureza.

MARIA – Todos, mesmo, e todos bem naturais; porque, além de ser um homem tolo, é um grande briguento. Apesar de ter os dotes de um covarde para aquietar os acessos de raiva nas brigas, é sabido entre as pessoas prudentes que ele logo, logo vai receber como dote um ataúde.

SIR TOBY – Ponho minha mão no fogo por ele. Quem são esses salafrários e subtratores que falam dele assim?

MARIA – São os acrescentadores de outra informação: que ele se embebeda toda noite em sua companhia.

SIR TOBY – Sempre brindando à minha sobrinha. Beberei à saúde dela enquanto minha garganta der passagem a alguma coisa, e beberei em Ilíria. Um covarde e um lacaio é o que é quem não bebe à saúde de minha sobrinha até que seus miolos vão parar no dedão do pé, como um pião de chicote. Vamos lá, criadinha! *Castiliano vulgo*, pois aí vem Sir Andrew Agüeface.

Entra Sir Andrew Aguecheek.

SIR ANDREW – Sir Toby Belch! E então, Sir Toby Arrotado?

SIR TOBY – Doce Dom Andrew!

SIR ANDREW – Deus te abençoe, catita megera.

MARIA – E ao senhor também, sir.

SIR TOBY – Aborde, Sir Andrew, aborde.

Sir Andrew – Quem é...?

Sir Toby – A criada de quarto de minha sobrinha.

Sir Andrew – Minha boa Srta. Aborde, eu gostaria de conhecê-la melhor.

Maria – Meu nome é Mary, Sir.

Sir Andrew – Minha boa Srta. Mary Aborde...

Sir Toby – O senhor se engana, meu fidalgo amigo. “Aborde” quer dizer vá em frente, encare, chegue nela, corteje-a, dê-lhe uma prensa.

Sir Andrew – Aceite minha palavra, eu jamais a comprometeria assim diante de tanta gente.* Então é esse o significado de “aborde”?

Maria – Passar bem, cavalheiros.

Sir Toby – Se tu a deixares partir assim, Sir Andrew, vais desejar nunca mais tirar a espada para fora!

Sir Andrew – Se tu partires assim, moça, vou desejar nunca mais tirar a espada para fora! Bela dama, a senhorita pensa que tem na mão dois tolos?

Maria – Sir Andrew, eu não lhe tenho na mão.

Sir Andrew – Deveras! Mas terá. Eis aqui minha mão.

Maria – Ora, senhor, o pensamento é livre, e ter ideias não custa nada. Peço ao senhor que traga sua mão até a porta da despensa e deixe-a beber.

---

* Tanta gente = os espectadores.

Sir Andrew – Por que, doçurinha? Que metáfora é essa agora?

Maria – Ela está completamente seca.

Sir Andrew – Sim, eu espero que sim. Até os tolos sabem se proteger da chuva, e eu não sou estúpido. Qual é a piada?

Maria – Uma piada que fica no seco.

Sir Andrew – Você tem muitas dessas?

Maria – Sim, senhor, eu as tenho nas pontas dos dedos. Mas, que pena: agora largo sua mão e fico sem nenhuma.

[Sai Maria.]

Sir Toby – Ah, meu fidalgo amigo, tu precisas de um bom caneco de vinho das Canárias. Quando foi que já o vi tão derreado?

Sir Andrew – Nunca em sua vida, eu acho, a não ser que tenha visto o vinho das Canárias me derrubar. Pois a mim me parece algumas vezes que não sou mais inteligente que um cristão ou que um homem comum. Mas eu sou um grande comedor de carne de vaca, carne de boi, e deve ser isso que prejudica minha inteligência.

Sir Toby – Com certeza.

Sir Andrew – Se eu acreditasse nisso, eu rejeitava carne de boi. Volto para casa amanhã, Sir Toby.

Sir Toby – *Pourquoi*, meu caro amigo?

Sir Andrew – O que é *pourquoi*? Fazer, ou não fazer? Agora eu queria ter empregado em aprender línguas todo o tempo que gastei com a esgrima e a dança, e com o nosso esporte favorito: cães atacando ursos acorrentados. Ah, se eu tivesse ao menos seguido as artes!

Sir Toby – Então tu terias agora uma cabeça artisticamente decorada.

Sir Andrew – Por quê? Isso teria me deixado com o cabelo bom?

Sir Toby – Essa é uma questão que nem se coloca, pois é fácil ver que teu cabelo não fica cacheado naturalmente.

Sir Andrew – Mas é um cabelo que me fica bem, não?

Sir Toby – Excelente: ele cai como a fibra do linho na roca de fiar. E eu espero um dia ainda ver uma mulher assentar-te entre as pernas e desfazer tua melena.

Sir Andrew – Na verdade, vou para casa amanhã, Sir Toby. Sua sobrinha não se deixa ver e, se se deixar ver, aposto quatro contra um que ela não vai querer nada comigo. O próprio Conde, aqui pertinho, faz-lhe a corte.

Sir Toby – Ela não quer nada com o Conde. Ela não se casa com alguém que esteja acima dela na aristocracia; nem em patrimônio, nem em idade ou inteligência. Eu ouvi ela jurando isso. Ora, vamos lá, ainda há esperança, homem.

Sir Andrew – Fico mais um mês, então. Sou o camarada de ideias mais estranhas neste mundo: eu me delicio com o teatro amador que monta alegorias ou lendas e me delicio com folias barulhentas, e às vezes tudo junto.

Sir Toby – E tu és bom nessas diversões, meu fidalgo amigo?

Sir Andrew – Como qualquer homem em Ilíria, seja ele quem for, abaixo do grau dos melhores que eu; e, todavia, não dá para me comparar com um velho.

Sir Toby – Qual é tua competência numa galharda, meu fidalgo amigo?

Sir Andrew – Na verdade, eu consigo traçar uma ou duas cabriolas.

Sir Toby – E eu consigo traçar uma ou duas bruacas.

Sir Andrew – E eu acho que faço tão bem como qualquer homem forçudo de Ilíria aquele passinho de dar para trás.

Sir Toby – Por que estão essas coisas escondidas? Por que estão esses talentos atrás de uma cortina? Para protegerem-se da poeira, como o retrato de alguma antiga Lady Mary? Tu poderias ir à missa em passo de galharda e voltar para casa em passo de corrente. Eu mesmo, deveria andar como se dançasse a giga. Eu queria mesmo era poder mijar na bacia em cinco tempos. O que me dizes? Por acaso este nosso mundo é lugar para escondermos nossas virtudes? Eu achava mesmo, pela excelente constituição de tuas pernas, que elas foram concebidas sob o signo da galharda.

SIR ANDREW – Sim, elas são fortes, e de boa aparência em meias de qualquer cor, por mais horripilante. Vamos cair na farra?

SIR TOBY – O que mais podemos fazer, se não cair na farra? Pois então não nascemos nós dois sob o signo de Touro?

SIR ANDREW – Touro? Esse é costelas e coração.

SIR TOBY – Não, senhor. Esse é pernas e coxas. Agora deixa-me ver tua cabriola. Ha, mais alto. Ha, ha, excelente!

[Saem.]

Cena IV

O palácio.

Entram Valentino e Viola vestida de homem.

VALENTINO – Se o Duque continuar lhe dando privilégios, Cesário, você tem grandes chances de avançar muito. Ele o conhece há apenas três dias, e você já não é tido como um estranho.

VIOLA – Ou o senhor receia o temperamento dele ou receia alguma negligência de minha parte, para questionar o afeto do Duque. Ele é inconstante, senhor, ao distribuir privilégios?

Valentino – Não, acredite-me.

Entram o Duque, Cúrio e Serviçais.

Viola – Eu lhe agradeço. Aí vem o Conde.

Duque – Olá! Quem viu Cesário?

Viola – Ao seu dispor, milorde, eu aqui presente.

Duque – *[Dirigindo-se a Cúrio e aos Serviçais:]* Esperem por mim ali, mais adiante. *[Dirigindo-se a Viola:]* Cesário, tu sabes nada menos que simplesmente tudo. Escancarei para ti até mesmo o livro mais secreto de minha alma. Portanto, meu bom jovem, dirige teus leves passos até ela. Se te negarem entrada, permanece à porta e avisa a todos que teus pés ali criarão raízes, até que lhe seja concedida audiência.

Viola – Mas certamente, meu nobre amo, se ela se abandonou ao sofrimento tanto quanto dizem, jamais terei acesso a ela.

Duque – Seja clamoroso! Desrespeite todos os limites da civilidade antes de me voltar aqui sem uma resposta.

Viola – Digamos que eu fale com ela, milorde. Então faço o quê?

Duque – Ah, então tu desfias a paixão de meu afeto; surpreende-a, capturando-lhe o coração com o discurso de meu amor apaixonado. Vai ficar bem em ti, derramar perante ela o meu infortúnio; ela vai ouvir melhor, vindo de alguém com tua juventude em vez de um mensageiro de aspecto mais grave.

VIOLA – Eu não penso assim, milorde.

DUQUE – Meu caro rapaz, acredite-me. Quem diz que tu já és um homem precisa dissimular e ocultar a tua pouca idade, essa tua afortunada juventude. Os lábios de Diana não são mais lisos e vermelhos. Teu pomo-de-adão é mínimo, como o de uma donzela; tua voz clara e constante em tudo imita atributos femininos. Eu sei que as constelações que te guiam tornam-te mais que apto para essa incumbência. Uns quatro ou cinco de vocês, auxiliem aqui o rapaz; todos, se quiserem. Porque eu mesmo fico melhor quanto mais desacompanhado estiver. Seja bem-sucedido nessa empreitada e tu viverás tão livre como teu amo e senhor para chamar de tuas as mesmas fortunas dele.

VIOLA – Eu me esforçarei ao máximo para cortejar a sua dama, milorde. *[À parte:]* Mas que tarefa essa, que já nasce cheia de impedimentos. Não interessa a quem eu corteje, eu queria era eu mesma ser a esposa dele.

Cena V

Na casa de Olívia.

Entram Maria e Feste, o palhaço.

Maria – Não. Ou você me diz onde esteve, ou eu não abro minha boca nem o suficiente para dela escapar um fiapo de um farrapo, quando for para inventar desculpas esfarrapadas para te salvar a pele. Minha patroa vai te mandar enforcar por tua ausência.

Feste – Pode deixar ela me enforcar. Aquele que for bem-enforcado neste mundo não precisa temer as cores do inimigo.

Maria – E por que não?

Feste – Ele não tem mais como enxergar os inimigos.

Maria – Resposta mais esfarrapada, essa. Pois eu posso te dizer de onde vem esse dito, "temer as cores do inimigo".

Feste – De onde, minha boa senhorita Mary?

Maria – Das guerras, e isso você pode esperar, e isso você pode ter peito para repetir em toda essa tua estupidez.

Feste – Bom, Deus dá sabedoria a quem a tem. Já quanto aos que são estúpidos, deixe que eles usem seus talentos.

Maria – Mesmo assim, você vai ser enforcado por

ter ficado tanto tempo ausente. Ou ser dispensado; não é o mesmo que ser enforcado para você?

Feste – Morrer na forca já salvou muita gente boa de enforcar-se num mau casamento. Quanto a ser dispensado, que o verão se prolongue e torne a vida menos árdua.

Maria – Você está decidido, então?

Feste – Nem tanto, e em nada. Mas estou resolvido em dois pontos.

Maria – Se um dos pontos rebentar, o outro segura as pontas. Mas, se os dois rebentam, tuas calças caem.

Feste – Espertinha. De verdade: muito espertinha. Bom, segue teu caminho. Se Sir Toby deixasse de beber, você seria um naco das carnes de Eva dos mais inteligentes de Ilíria.

Maria – Quieto, moleque, nem uma palavra sobre esse assunto. Aí vem chegando a minha patroa. É melhor você pedir desculpas direitinho, e com sabedoria.

[Sai.]

Entra Lady Olívia, com Malvólio (e Serviçais).

Feste – Inteligência, socorrei-me: que seja de vossa vontade colocar-me pronto a fazer palhaçadas! Os sabichões que pensam que vos têm muitas vezes não passam de tolos. Eu, que estou certo de que não vos tenho, posso me fazer passar por um homem sábio. Como é mesmo que diz Quinápalus? "Melhor um tolo espirituoso que um sábio bobalhão." Que Deus a abençoe, milady!

Olívia – Tirem a criatura tola daqui.

Feste – Não estão ouvindo, rapazes? Tirem a sua patroa daqui.

Olívia – Vai-te embora, tu és um bobo seco, sem graça. Não quero mais te ver na minha frente. Além do que, ficaste relapso.

Feste – Dois equívocos, minha senhora Dona Olívia, fáceis de resolver com uma boa bebida e um bom conselho. Serve-se bebida a um bobo seco; segue-se daí que cessa a secura do bobo. Roga-se ao homem relapso que se remende; se ele se remenda, o resultado é que deixa de ser relapso; se ele não consegue, o remendão que o remende. Tudo que se remenda vira um tecido de retalhos, uma roupa de palhaço: a virtude que transgride recebe um retalho de pecado, e o pecado que se emenda remenda-se com retidão. Se esse simples silogismo serve, que bom! Se não, que remédio? Assim como a beleza é uma flor e seu viço é temporário, a calamidade é o mais traído dos cornos. A dama pediu que retirem daqui a criatura tola; portanto, eu repito: tirem essa senhora daqui.

Olívia – Eu pedi a eles que retirassem o senhor daqui.

Feste – Mal-entendido no mais alto grau! Senhora, o hábito não faz o monge; isso quer dizer que não uso roupa de palhaço no meu cérebro. Minha boa senhora Dona Olívia, dê-me licença para tal, e provarei que a senhora é uma criatura tola.

OLÍVIA – Pode fazer isso?

FESTE – E com habilidade, milady.

OLÍVIA – Pois então prove.

FESTE – Para tanto, devo interrogá-la minuciosamente, minha boa senhora Dona Olívia. Preciso de respostas, mimosa dama.

OLÍVIA – Pois bem, senhor: por falta de outra diversão, espero as provas.

FESTE – Minha boa senhora, por que estais de luto?

OLÍVIA – Meu bom palhaço, por ter falecido o meu irmão.

FESTE – Acho que a alma dele está no inferno, minha senhora.

OLÍVIA – Sei que a alma dele está no céu, bobo.

FESTE – Mais tolo ainda, minha senhora, enlutar-se pela alma de seu irmão, uma vez que está no céu. Retirem daqui essa criatura tola, cavalheiros.

OLÍVIA – O que pensa você desse bobo seco, Malvólio? Ele não tem jeito?

MALVÓLIO – Tem, e vai dar para o gasto, até que a morte em toda a sua agonia venha sacudi-lo. As enfermidades, que tornam decrépito o homem sábio, sempre transformam os bobos em bufões melhores.

Feste – Que Deus lhe presenteie, senhor, com uma enfermidade veloz, para que se aperfeiçoe de vez a sua própria insensatez! Sir Toby pode querer jurar que não sou nenhuma raposa, mas ele também não aposta nem duas míseras moedinhas que o senhor não é bobo.

Olívia – O que você responde a isso, Malvólio?

Malvólio – A mim me fascina ver que Vossa Senhoria, milady, aprecia um folgado desses, tão inútil. Outro dia eu o vi ser humilhado por um bufão de taverna, um que tem tanto cérebro quanto uma pedra. Veja só, agora mesmo ele está sem ação, não sabe como retrucar. A menos que alguém ria e lhe dê uma boa ocasião de fazer graça, ei-lo mudo. Venho afirmar-lhe solenemente, senhora: no meu entender, não passam de assistentes de bobos esses homens que, não sendo bobos, se esganiçam rindo desse tipo de bufão de repertório embolorado.

Olívia – Ah, você está doente de tanto amor-próprio, Malvólio, e está provando de um apetite destemperado. Para ser generoso, livre de culpa e magnânimo, é preciso encarar como flechas de pegar passarinho o que você pensa serem balas de canhão. Não há calúnia em um bufão oficial, embora ele não faça mais que vituperar; também não há vitupério em um homem sabidamente discreto, embora ele não faça mais que reprovar.

Feste – Que possa Mercúrio, o deus da trapaça, imbuir-vos de uma vocação para a mentira, pois vós falastes bem dos bobos!

Entra Maria.

Maria – Madame, está nos portões um jovem cavalheiro que muito deseja falar-lhe.

Olívia – De parte do Conde Orsino, pois não?

Maria – Não sei dizer, madame. É um rapaz bem bonito, e está muito bem-escoltado.

Olívia – Quem de minha casa o está detendo?

Maria – Sir Toby, madame, seu parente.

Olívia – Vá buscá-lo, eu lhe peço; aquele não fala nada a não ser sandices. Que vergonha, esse meu primo! [*Sai Maria.*] Vá você, Malvólio. Se é um pedido de noivado do Conde, estou doente, ou mesmo não estou em casa. Ou qualquer outra coisa para dispensar essa visita.

[Sai Malvólio.]

Agora o senhor veja só, como suas palhaçadas ficaram antigas, e as pessoas já não se agradam delas.

Feste – Vós falastes por nós, minha boa senhora Dona Olívia: como se o vosso primogênito devesse ser um bobo, cujo crânio Júpiter deverá abarrotar de miolos, pois eis que aí vem ele, um de seus parentes, que tem a pia-máter bem fraquinha.

Entra Sir Toby.

Olívia – Palavra de honra, já está a meio caminho de cair de bêbado. Quem estava nos portões, primo?

Sir Toby – Um cavalheiro.

Olívia – Cavalheiro? Que cavalheiro?

Sir Toby – Tem um cavalheiro aqui... [*Arrota.*] Uma praga, esse arenque em conserva! E agora, seu tonto?

Feste – Meu bom Sir Toby!

Olívia – Primo, primo, como é que você assim tão cedo já está em tal estado de bebedeira?

Sir Toby – Bandalheira? Eu desprezo os bandalhos. Tem um lá nos portões.

Olívia – Ai, ai, ai! Mas, e então, quem é o tal?

Sir Toby – Se ele quer ser o demônio, que seja, eu não ligo a mínima. Deem-me a minha fé, é o que eu sempre digo. Bom, é tudo a mesma coisa.

[Sai.]

Olívia – Como se define um homem bêbado, meu bufão?

Feste – É um afogado, um bobo e um louco. Quando já está de fogo, mais um gole e ele vira bobo; dois goles, fica doido; três goles, e se afogou.

Olívia – Vai, e busca o legista, e faz com que ele veja o meu primo, que está no terceiro grau de embriaguez: afogou-se. Vai, e cuida dele.

Feste – Ele ainda está no estágio doido, minha boa senhora, e o bobo vai cuidar do louco.

[Sai.]

Entra Malvólio.

MALVÓLIO – Madame, aquele jovem rapaz acolá jura que vai falar com a senhora. Eu disse a ele que a senhora está doente. Ele resolveu por bem entender exatamente isso (que a senhora está doente) e vem portanto falar com a senhora. Eu disse a ele que a senhora está dormindo. Ele parecia já saber disso também, e vem portanto falar com a senhora. O que se pode dizer a ele, milady? Ele está bem-armado contra todas as recusas.

OLÍVIA – Diga-lhe que ele não vai falar comigo.

MALVÓLIO – Já foi dito. E ele diz que espera como um poste que marcasse a casa do prefeito, ou como o pé de uma bancada de carpinteiro, mas ele vai falar com a senhora.

OLÍVIA – Que espécie de homem é ele?

MALVÓLIO – Ora, da espécie humana.

OLÍVIA – Que tipo de homem?

MALVÓLIO – Do tipo hostil: vai falar com a senhora, quer queira, quer não.

OLÍVIA – Que aparência e que idade tem ele?

MALVÓLIO – Nem tão maduro que seja um homem, nem tão jovem que seja um menino. Como uma vagem logo antes de ser ervilha, ou como a maçã que se cozinha, ainda antes de estar pronta para comer. Assim é com ele: no ponto de virada, entre menino e homem. É de muito boa aparência, e fala de modo agudo. A conclusão é que nem bem saiu dos cueiros.

Olívia – Faça-o entrar. Chame aqui minha dama de companhia.

Malvólio – Senhorita Maria, minha ama a está chamando.

[Sai.]

Entra Maria.

Olívia – Alcança-me o meu véu. Vamos lá, jogue-o sobre meu rosto. Vamos ouvir mais uma vez um enviado de Orsino.

Entra Viola.

Viola – A mui honrada e venerável senhora dona desta casa, quem é ela?

Olívia – Fale comigo, que eu responderei por ela. O que deseja?

Viola – Beleza radiante, refinada e incomparável. Eu lhes rogo: digam-me se essa é a senhora dona da casa, pois que eu jamais a vi. Não estou disposto a desperdiçar minhas palavras, pois que elas foram muito bem-escritas. E levei muito tempo decorando-as. Formosas damas, não me façam aguentar menosprezo; sou por demais sensível, até mesmo à menor das indelicadezas.

Olívia – De onde vem o senhor?

Viola – Pouco posso dizer, além das palavras que estudei, e essa questão está fora de meu papel. Boa e gentil senhora, dai-me uma razoável garantia de que sois a senhora dona da casa, para que eu possa prosseguir com meu discurso.

OLÍVIA – O senhor é um comediante?

VIOLA – Não, do fundo do meu coração, não. E, no entanto, pelas próprias garras de maldosa premeditação, juro: não sou quem eu interpreto. Sois a senhora dona da casa?

OLÍVIA – Se não estou usurpando a mim mesma, sim: sou a senhora dona da casa.

VIOLA – Com toda a certeza, se sois ela, a senhora usurpa a si mesma; pois aquilo que lhe é dado conceder não é seu para guardar. Mas isso está fora de minha empreitada. Darei prosseguimento com o discurso em seu louvor, e depois apresento-lhe o cerne de minha mensagem.

OLÍVIA – Vá direto ao ponto que interessa. Eu dispenso os elogios.

VIOLA – Ai de mim, que me deu muito trabalho decorar esse discurso, e ele é poético.

OLÍVIA – Então muito provavelmente é fictício. Rogo-lhe, senhor: guarde-o para si. Contaram-me que o senhor foi insolente lá nos portões, e permiti que entrasse mais para dar uma boa olhada em sua pessoa que para ouvi-lo. Se o senhor é um ensandecido, vá embora; se tem bom-senso, seja breve. Não sou lunática a ponto de querer dar sentido a um diálogo de zigue-zagues.

MARIA – O senhor vai içar vela, sir? Posso lhe mostrar o caminho.

VIOLA – Não, marujo. Fico ancorado por aqui um pouco mais. Peço-lhe, doce senhora, apazigúe o seu gigante protetor. Se a senhora quer me ouvir, sou um mensageiro.

OLÍVIA – Sem dúvida o senhor tem alguma questão abominável por me apresentar, uma vez que a cortesia das palavras é tão tenebrosa. Vamos lá, desincumba-se de sua missão.

VIOLA – São palavras para os seus ouvidos tão somente. Não trago declaração de guerra, tampouco venho prestar homenagem. Tenho em minha mão o ramo de oliveira: minhas palavras são plenas de paz e de conteúdo.

OLÍVIA – E contudo começaste de modo rude. Quem é você, afinal? O que deseja?

VIOLA – O modo rude que se revelou em mim aprendi com quem aqui me recebeu. Quem eu sou e o que desejo são segredos tão bem-guardados como a virgindade. Ou seja, para seus ouvidos, é assunto divino; nos ouvidos de terceiros, é profanação.

OLÍVIA – Deixem-nos a sós. Vamos escutar de que se trata esse assunto divino.

[Saem Maria e Serviçais.]

Então, senhor, qual o seu texto?

VIOLA – Minha doce senhora…

OLÍVIA – Doutrina que conforta, essa; e muito se pode dizer dela. Onde está o seu texto?

VIOLA – No coração de Orsino.

OLÍVIA – No coração dele? Em que capítulo desse coração, diga-me.

VIOLA – Para responder no mesmo estilo, no capítulo primeiro e único.

OLÍVIA – Ah, eu já li esse: pura heresia. O senhor não tem mais nada a dizer?

VIOLA – Madame, deixe-me ver-lhe o rosto.

OLÍVIA – O senhor recebeu de seu amo incumbência de negociar com meu rosto? Isso não está no seu texto. Mas vamos descerrar o pano e mostrar-lhe o quadro. [*Tirando o véu.*] Olhe bem, senhor, pois assim eu era na presente data. Não está benfeito?

VIOLA – Foi feito à perfeição, se Deus tudo fez.

OLÍVIA – As cores são indeléveis, senhor; aguentam o vento e as intempéries.

VIOLA – É beleza sabiamente matizada, com vermelhos e brancos pincelados pela mão suave e habilidosa da Natureza. Lady Olívia, a senhora é a mulher mais cruel que já existiu se guardar essas graças para o túmulo e não deixar cópia neste mundo.

OLÍVIA – Mas não, meu senhor, não serei tão dura de coração. Distribuirei diversos inventários de minha beleza. Ela será listada item por item, cada partícula e utensílio etiquetados para o meu codicilo. Por exemplo, um item: dois lábios de um vermelho indiferente; outro item, dois olhos cinzentos, fechados por pálpebras; outro item, um pescoço; um queixo; e assim por diante. O senhor foi aqui enviado para me avaliar?

VIOLA – Vejo a senhora como a senhora é, e a senhora é muito orgulhosa. Mas, fosse a senhora o demônio, ainda assim é muito linda. Meu amo e senhor, ele a ama. Ah, se pelo menos tal amor pudesse ser recompensado, ainda que a senhora fosse avaliada ímpar em sua beleza!

OLÍVIA – Como é esse amor que ele sente por mim?

VIOLA – Feito de adoração, e lágrimas em abundância; gemidos que proclamam ternura, e suspiros em brasa.

OLÍVIA – O seu amo e senhor está ciente de minha decisão, e não posso amá-lo. Mas imagino que ele deva ser virtuoso; sei que é nobre, homem de muitas posses, ainda novo, de uma juventude imaculada. Falam muito bem dele: independente, culto e corajoso; de corpo benfeito, uma pessoa de formas harmoniosas. Contudo, mesmo assim, não posso amá-lo. Ele poderia ter aceitado essa resposta há muito tempo.

VIOLA – Se eu a amasse com o ardor de meu mestre, com tanto sofrimento, com uma vida tão sacrificada, em sua negativa eu não encontraria nenhum sentido, eu não seria capaz de compreender.

Olívia – Ora, o que faria então?

Viola – Eu construía uma cabana com ramos de salgueiro aos portões de sua casa, e visitaria na casa a alma de minha vida. Escreveria canções dedicadas ao amor desprezado, e eu as cantaria em alto e bom som, mesmo na calada da noite. Gritaria o seu nome para os morros reverberantes, e faria com que os rumores balbuciantes do ar gritassem de volta "Olívia!" Ah, a senhora não teria descanso entre o céu e a terra, mas teria piedade de mim.

Olívia – O senhor pode muito. Qual a sua estirpe?

Viola – Maior do que os meus bens, e no entanto gozo de um bom-nome. Sou um cavalheiro.

Olívia – Volte para o seu mestre. Eu não posso amá-lo. Que ele não envie mais ninguém, a menos que, por um acaso, seja o senhor a voltar aqui, para me contar como ele recebeu minha resposta. Passe bem. Eu lhe sou grata por todo o trabalho que teve comigo. Gaste isto aqui por minha conta.

Viola – Não sou mensageiro de receber gorjetas, milady. Guarde a sua bolsa. Quem precisa ser recompensado é meu mestre, não eu. Que Cupido possa fazer de pedra o coração daquele a quem a senhora vier a amar, e que o seu fervor por ele seja recebido como o de meu mestre: com desdém. Adeus, beleza cruel.

[Sai.]

Olívia – "Qual a sua estirpe?" "Maior do que os meus bens, e no entanto gozo de um bom-nome.

Sou um cavalheiro." Posso jurar que tu és. Tua fala, teu rosto, teus ombros, tuas pernas, as ações e o espírito, tudo me diz que tens um brasão de cinco folhas. Não rápido demais: suave! calma! A menos que o mestre fosse o homem. E agora? Assim tão depressa pode alguém contagiar-se dessa praga? A mim está querendo me parecer que consigo sentir as perfeições desse jovem como coisa sigilosa e sub-reptícia que se vai insinuando diante de meus olhos. Bem, que seja como for. Ei, olá, Malvólio!

Entra Malvólio.

Malvólio – Estou aqui, madame, ao seu dispor.

Olívia – Corra atrás daquele impertinente, o mensageiro do Conde. Ele deixou este anel aqui, quisesse-o eu ou não. Diga a ele que não o quero de jeito nenhum. Peça-lhe que não encoraje seu mestre, nem lhe dê qualquer esperança. Não sou mulher para o Conde. Se o jovem quiser voltar aqui amanhã, poderei dizer a ele por quê. Apressa-te, Malvólio.

Malvólio – Já estou indo, madame.

[Sai.]

Olívia – Quero não sei o quê, e tenho medo de descobrir que o meu olhar possa ter incensado a minha mente. Destino, mostra a tua força. Eu sei que não sou dona de mim mesma. O que está decretado pelas estrelas é o que deve ser. Pois que seja.

SEGUNDO ATO

Cena I

Uma rua.

Entram Antônio e Sebastião.

ANTÔNIO – O senhor não vai ficar mais? E não vai querer que eu o acompanhe?

SEBASTIÃO – Tenha paciência, não. As estrelas brilham funestas sobre minha cabeça. Meu destino é tão pernicioso que acabaria, quem sabe, por destemperar o seu. Sendo assim, devo exigir-lhe que se retire e me deixe carregar sozinho o fardo de todos os meus males. Seria uma má recompensa ao seu amor por mim, colocar-lhe sobre os ombros um peso desses.

ANTÔNIO – Conte-me então que rumo o senhor está tomando.

SEBASTIÃO – Não, mas o senhor pode ficar tranquilo. Minha jornada está definida, e não será mais que um perambular. Mas percebo em sua pessoa um quê de modéstia, uma polidez de tal magnitude que entendo que não esteja querendo arrancar de mim aquilo que estou cioso de guardar. Por isso mesmo a cordialidade me leva a lhe contar quem sou. O que você deve ficar sabendo de mim, Antônio, é que meu nome é Sebastião, sendo que me faço chamar de Rodrigo. Meu pai foi o grande Sebastião de Messalina, de quem eu sei que você já ouviu falar. Deixou como únicos descendentes eu e minha irmã, nascidos com apenas uma hora de diferença. Se os céus estivessem apaziguados, teríamos por nosso desejo morrido assim também: com apenas uma hora de diferença! Mas você, meu caro senhor, alterou isso, pois em algum momento antes que me tirasse da arrebentação, minha irmã afogou-se no mar.

Antônio – Ai de mim, que dia!

Sebastião – Uma dama, senhor, que, embora dissessem que se parecia muito comigo, era por muitos tida como uma linda mulher. Embora eu não pudesse acreditar demais nisso, por admiração e estima posso contudo proclamar, com firme convicção, que ela possuía uma inteligência que mesmo as mentes invejosas não podiam deixar de considerar brilhante. Agora ela está afogada, meu caro senhor, em água salgada, e eu aqui estou, afogando em mais água salgada a memória dela.

Antônio – Perdoe-me, senhor, pela má hospitalidade.

Sebastião – Ah, meu bom Antônio, perdoe-me o incômodo.

Antônio – Se o senhor não me recriminar por minha excessiva afeição à sua pessoa, deixe-me ser seu criado.

Sebastião – Se o senhor não se recriminar por ter me resgatado do mar, se não quiser mal a quem salvou, não deseje tal coisa. Vamos nos despedir de uma vez. Meu coração está cheio de ternura, e eu estou tão próximo de me comportar como minha mãe que, se me for dada a menor chance, meus olhos vão contar do que se passa dentro de mim. Viajo em direção à corte do Conde Orsino. Adeus.

[Sai.]

Antônio – Que a bondade de todos os deuses te acompanhem! Tenho muitos inimigos na corte de Orsino; do contrário, iria eu muito em breve encontrar-te lá. Mas, aconteça o que acontecer, sinto por ti tanta adoração que o perigo vai ficar parecendo uma brincadeira, e eu vou.

[Sai.]

Cena II

Uma rua.

Entram Viola e Malvólio, vindos de portas diferentes.

Malvólio – Não estava o senhor agora mesmo com a Condessa Olívia?

Viola – Agora mesmo, sir. Num passo moderado, acabo de sair de lá e cheguei até aqui.

Malvólio – Ela devolve este anel ao senhor, sir. E o senhor teria me poupado esta trabalheira, não o tivesse deixado lá. Ela acrescenta, além disso, que o senhor deve assegurar ao seu amo a desesperança: ela não quer saber dele. E mais uma coisa: o senhor que não seja temerário a ponto de voltar com mais incumbências de seu amo, a menos que seja para relatar à Condessa como ele recebeu a resposta dela. E o senhor receba isto junto com essas recomendações.

Viola – Ela aceitou o anel de mim, e eu não vou aceitá-lo de volta.

Malvólio – Ora, vamos, sir: o senhor jogou o anel em cima dela, com grande impertinência. Esta é a vontade dela: que o anel seja devolvido. Se vale a pena abaixar-se para apanhá-lo, aí está ele, bem debaixo de seus olhos; se não, será de quem o encontrar.

[Sai.]

Viola – Não deixei anel nenhum com ela. O que será que está querendo essa dama? Não queira o azar que ela se tenha encantado com minha aparência! Ela bem que me avaliou com o olhar, e de fato tanto que cheguei a pensar que tinha perdido a língua, porque ela ficava falando aos arrancos, como se estivesse distraída. Ela me ama, é isso. E a astúcia de sua paixão me envia um convite por este mensageiro tosco. Ela não quer o anel de meu amo? Ora, ele não mandou nenhum anel. Sou eu o homem que ela quer. Se é assim, e pelo jeito é, pobre mulher! Seria melhor se ela se apaixonasse por um sonho. Disfarce meu, agora vejo que tu és uma perversidade, por onde o coisa-ruim muito pode, grávido de imaginação como ele é. Como é fácil, para um homem bonito e mentiroso, imprimir suas formas na cera de que são feitos os corações femininos. Ai de mim! Nossa fragilidade, e não nós, é a causa de sermos como somos, pois é disso que somos feitas. E agora? Como é que isso vai terminar? Meu mestre, ele a ama demais, e eu, pobre monstro, sou louca por ele, e ela, equivocada, parece que está louca por mim. O que vai acontecer depois disso? Visto que sou homem, meu estado é desesperançoso pelo amor de meu mestre; posto que sou mulher (ai de mim, quando?!), quantos suspiros vai a pobre Olívia suspirar para nada? Ah, tempo, tempo, tu precisas desenredar isto, não eu; é um nó apertado demais para eu desfazer.

[Sai.]

Cena III

Na casa de Olívia.

Entram Sir Toby e Sir Andrew.

Sir Toby – Aproxime-se, Sir Andrew. Não estar na cama depois da meia-noite é o mesmo que estar de pé logo cedinho. E, como tu sabes, "Deus ajuda quem…"

Sir Andrew – Não, na verdade eu não sei. Mas eu sei que estar acordado até tarde é estar acordado até tarde.

Sir Toby – O que aliás é uma falsa conclusão, que eu detesto tanto quanto detesto um caneco vazio. Estar acordado depois da meia-noite, e então ir para a cama, é cedo, de modo que ir para a cama depois da meia-noite é ir para a cama logo cedinho. A sua vida não se compõe dos quatro elementos?

Sir Andrew – De fato, é o que dizem, mas eu acho mais que se compõe é de comer e beber.

Sir Toby – És um erudito! Pois então vamos comer e beber. Marianinha, olha que estou chamando: uma jarra de vinho!

Entra Feste.

Sir Andrew – Aí vem o palhaço, isso sim.

Feste – Mas como, meus queridos! Nunca viram aquele quadro que mostra dois palhaços, ou então dois burros, e se chama "Nós Três"?

Sir Toby – Pois então bem-vindo, seu burro. Agora vamos lá, uma piada.

Sir Andrew – Palavra, o bobo tem uma garganta e tanto. Eu preferia mais do que ter quarenta xelins, tivesse assim uns pernões desses, e uma voz assim macia para cantar, como o bobo tem. A bem da verdade, tu te arranjaste uma bobice muito boazinha noite passada, quando falaste de Pigrogrômito, e dos Vapianos passando pelo equador celeste de Quêubos. Aquilo foi muito engraçado, de verdade. Eu te mandei um meio-xelim para o teu amor; recebeste?

Feste – Eu calçonzei vossa propinalidade, pois o nariz de Malvólio não é rabo de chicote, a mão de minha senhora é muito alva, e os Mirmidões não são cervejarias de vender cerveja em vidro.

Sir Andrew – Excelente! Ah, essa é a melhor bufonada, quando tudo já foi feito. Agora, uma música!

Sir Toby – Vamos lá, tem meio-xelim aqui para você. Vamos ouvir uma música.

Sir Andrew – Também tem um meio-xelim meu aqui para você; se um cavalheiro der um...

Feste – Querem uma canção de amor, ou uma música para celebrar a boa vida?

Sir Toby – De amor, de amor.

Sir Andrew – Isso, isso. Eu não me interesso por uma vida boa.

[Feste canta.]

Ah, minha linda dama, para onde estás indo?
Fica e ouve: teu amor verdadeiro vem vindo.
Ele canta de tudo um pouco, baladas e coisas tais.
Ah, meu lindo passarinho, não viajes mais.
Viagens terminam quando o amor tem início,
E até filho de homem sábio sabe disso.

Sir Andrew – Excelente, ótimo, de verdade mesmo.

Sir Toby – Bom, muito bom.

Feste –

O amor? Não é o que virá mais tarde.
A alegria de hoje está na risada de agora.
O que está por vir? Isso ninguém sabe.
Não se ganha grande coisa co'a demora.
Por isto, bela mimosa, vem me beijar:
A juventude não dura e já vai passar.

Sir Andrew – Tem voz melíflua, você; tão certo como eu sou um verdadeiro cavaleiro da nobreza.

Sir Toby – Um hálito contagioso.

Sir Andrew – Muito doce e contagioso, de fato.

Sir Toby – Se o ouvimos com o nariz, é melodioso como uma epidemia de dulcíssimo fedor. Será que não devíamos mesmo cantar e dançar, fazer um estardalhaço? Que tal acordar a coruja com uma música de igreja dessas que um só tecelão canta as três vozes do cânon? Que tal, vamos fazer isso?

Sir Andrew – Se você me tem amor, sim; vamos a isso. Eu sou um cão danado de bom quando me agarro num cânon.

Feste – Nossa, mas então é como qualquer cão danado de bom quando se agarra numa canela.

Sir Andrew – Com certeza. Que o nosso cânon seja "Ó tu, mentiroso".

Feste – “Cala-te, ó tu, mentiroso”, nobre cavaleiro? Vou me ver constrangido a chamá-lo de mentiroso, nobre cavaleiro.

Sir Andrew – Não será a primeira vez que constranjo alguém a me chamar de mentiroso. Comece, palhaço. Começa assim: “Cala-te”.

Feste – Assim eu nunca vou começar, pois se preciso calar-me...

Sir Andrew – Muito bom, de verdade mesmo. Vamos lá, comece.

[Cantam o cânon.]

Entra Maria.

Maria – Que miação é essa que os senhores inventaram agora? Não duvidem de mim quando digo que minha patroa vai chamar Malvólio, o mordomo, e pedir a ele que ponha vocês daqui para a rua.

Sir Toby – Sua patroa é uma gata chinesa, nós somos políticos, Malvólio é um estraga-prazeres, e [*Canta:*] *Três sujeitos felizes somos nós.* Pois não sou parente de sangue de sua patroa? Não somos por acaso consanguíneos? Tolices, asneiras! “Minha patroa!” [*Canta:*] *Morava um homem em Babilônia, lady, lady minha patroa.*

Feste – Desgraçado de mim, que o nobre cavaleiro é de uma bufonaria admirável.

Sir Andrew – Sim, ele se sai muito bem, quando está disposto, e eu também do mesmo jeito. Ele faz a coisa com mais elegância, eu faço mais ordinário.

Sir Toby – [*Canta:*] *Na Noite de Reis, doze dias depois do...*

Maria – Pelo amor de Deus, silêncio!

Entra Malvólio.

Malvólio – Meus mestres, estão loucos? Ou estão o quê? Não têm bom-senso, nem bons modos, nem decência, que precisam papagaiar como uns bate-folhas a esta hora da noite? Fazem da casa de minha patroa uma cervejaria e ficam aos guinchos gritando esses cânons de remendões sem nenhum pudor, sem qualquer remorso que os faça baixar a voz? Não sobrou nos senhores nenhum respeito aos outros, ao lugar, ao horário, ao andamento normal das coisas?

Sir Toby – Respeitamos o andamento normal dos cânons que cantamos, senhor. Vai te enforcar!

Malvólio – Sir Toby, preciso ser franco com o senhor. Minha patroa pediu-me que dissesse ao senhor que, muito embora ela o acolha como um parente, ela não está de modo algum mancomunada com a sua indisciplina. Se o senhor conseguir separar sua pessoa de sua má conduta, o senhor será bem-vindo nesta casa. Caso contrário, se o senhor quiser despedir-se dela, ela terá muito prazer em dar-lhe adeus.

Sir Toby – [*Canta:*] *Adeus, minha querida! É preciso que eu me vá.*

Maria – Não, meu bom Sir Toby.

Feste – [*Canta:*] *Nos olhos dele se vê que ele já vai se apagar.*

Malvólio – É mesmo?

Sir Toby – [*Canta:*] *Mas juro que não morrerei, amor, jamais.*

Feste – [*Canta:*] *É na mentira que o senhor se enterra e jaz.*

Malvólio – Isso é elogio.

Sir Toby – [*Canta:*] *Eu devo mandar esse aí embora?*

Feste – [*Canta:*] *Se o senhor manda, ele dá o fora?*

Sir Toby – [*Canta:*] *Mando ele embora sem o dispensar?*

Feste – [*Canta:*] *Ah, não, isso o senhor não vai ousar.*

Sir Toby – Não respeitamos o andamento, senhor? Mentira! Você é alguma coisa mais que mordomo? Você pensa que, só porque é virtuoso, nós vamos passar sem doces e cerveja?

Feste – Sim, por Santa Ana, e o gengibre na cerveja também vai temperar as nossas bocas.

[Sai.]

Sir Toby – O senhor ponha-se no seu lugar. Pode ir, senhor, vá polir a prataria. Uma jarra de vinho, Maria!

Malvólio – Senhorita Mary, se você leva em consideração a leniência de minha patroa como sendo algo mais que menosprezo, a senhorita não deveria estar servindo os recursos para essas atitudes não civilizadas. Ela ficará sabendo disso, palavra que sim.

Maria – Ora, vá plantar batatas.

Sir Andrew – Isto é quase tão bom como beber quando um homem está com fome: chamar o sujeito para um duelo, depois quebrar a promessa que se fez e deixar o tal plantado que nem um bocó.

Sir Toby – Faça isso, nobre cavaleiro. Eu escrevo por ti o desafio para duelar; ou eu mesmo entrego tua indignação pessoalmente.

Maria – Meu querido Sir Toby, tenha paciência por esta noite. Desde que o jovem enviado do Conde esteve hoje aqui com minha patroa, ela anda perturbada. Quanto a *Monsieur* Malvólio, deixe que eu sei como lidar com ele. Se eu não passar a perna nele e deixá-lo com cara de palerma, então o senhor fica autorizado a pensar que não sou capaz de ferver uma panela d'água. Eu sei que posso levá-lo a contradizer-se.

Sir Toby – Vamos lá, conte-nos o que sabe sobre ele.

Maria – Ah, puxa vida, senhor, às vezes ele é como se fosse um adepto do puritanismo.

Sir Andrew – Ah, mas se eu achasse isso, espancava ele como se espanca um cachorro.

Sir Toby – Ora, por ser um Puritano? Seria esse o teu motivo mais requintado, nobre cavalheiro?

Sir Andrew – Não tenho motivo requintado, mas tenho motivo bom o suficiente.

Maria – Ele é um diabo de um puritano, porque de modo constante ele é só um oportunista, um burro pernóstico que sem ter leitura finge ter posição, porque sai usando a granel as frases de seus superiores. Um grande pretensioso é o que ele é, tão empanturrado de excelências (é o que ele acha) que chega a crer piamente que todos que o conhecem caem de amores por ele. É nesse vício dele que minha vingança vai encontrar terreno fértil onde trabalhar.

Sir Toby – O que vais fazer?

Maria – Ele começará a encontrar no caminho dele algumas epístolas obscuras de amor, onde ele vai se achar descrito com exata perfeição: a cor da barba, o formato das pernas, a maneira de andar, a expressão dos olhos, a testa, a pele, a fisionomia. Eu sei escrever como se fosse sua sobrinha minha patroa. Quando nenhuma das duas lembra quem escreveu tal ou qual coisa, mal se consegue saber de quem é a caligrafia.

Sir Toby – Excelente! Sinto o cheiro de uma armadilha.

Sir Andrew – Estou sentindo no meu nariz também.

Sir Toby – Ele vai achar, pelas cartas que você estará deixando aqui e ali, que elas são de minha sobrinha, e que ela está apaixonada por ele.

Maria – Estou apostando em cavalo desse número.

Sir Andrew – E o número desse seu cavalo pode fazer dele um grande burro.

Maria – Um grande burro, não tenho dúvidas.

Sir Andrew – Ah, isso vai ser admirável!

Maria – Diversão de primeira, eu lhes garanto. Eu sei que minha medicina vai funcionar com ele. Incluo os senhores na história, o bobo fica sendo o terceiro, e ele vai encontrar a carta. Observem como ele vai interpretá-la. Por esta noite é só. Agora, para a cama, e sonhem com o acontecimento. Adeus.

[Sai.]

Sir Toby – Boa noite, Rainha das Amazonas.

Sir Andrew – Pois aos meus olhos ela é uma boa moça.

Sir Toby – Ela é um bom cãozinho farejador, de raça, e me adora. O que me diz disso?

Sir Andrew – Eu também já fui adorado um dia.

Sir Toby – Vamos para a cama, meu nobre cavaleiro. Tu estás precisando de mandar buscar mais dinheiro.

Sir Andrew – Se eu não conquistar a sua sobrinha, estarei mal das pernas.

Sir Toby – Mande buscar dinheiro, meu amigo. Se no fim de tudo ela não for tua, podes me chamar de capado e podes me chamar de cadela.

Sir Andrew – E se eu assim não fizer, não confie em mim, e entenda o que digo como o senhor bem entender.

Sir Toby – Ora, vamos, vamos. Eu vou esquentar um xerez para nós, que agora é tarde demais para ir dormir. Vem, cavaleiro, vem. Vamos.

[Saem.]

Cena IV

O palácio.

Entram o Duque, Viola, Cúrio e outros.

Duque – Deem música aos meus ouvidos. Bem, bom dia, meus amigos. Agora, meu bom Cesário, aquela canção, aquela música antiga e cheia de graça que nós ouvimos a noite passada. A mim me fez sentir que aliviou em grande dose a minha dor, mais que as melodias suaves e as frases estudadas destes nossos tempos, mais efervescentes e frívolos. Vamos, um pedacinho, nem que seja.

Cúrio – Ele não está aqui, se assim apraz a Vossa Senhoria, aquele que deveria cantar.

Duque – Quem foi, então?

Cúrio – Feste, o bobo, milorde, um bufão que o pai de Lady Olívia achava muito engraçado. Ele está aí pela casa.

Duque – Pois procure por ele. Enquanto isso, toquem aquela canção.

[Sai Cúrio. Toca-se a música.]

Venha para cá, rapaz. Se algum dia te apaixonares, lembra-te de mim nas doces agonias do teu amor, pois assim como estou é como ficam os verdadeiros amantes: instáveis e retraídos em todos os movimentos de seu coração, exceto no levar dentro de si a imagem constante da criatura amada. Te agrada, esta canção?

Viola – Ela dá o eco exato do ponto onde entronase o amor.

Duque – Tuas palavras expressam o que dizes com maestria. Posso jurar por minha alma: apesar de jovem como tu és, teus olhos já depararam um rosto que te inspira amor. Estou certo, rapaz?

Viola – Se assim apraz a Vossa Senhoria, em certa medida, sim.

Duque – Que tipo de mulher ela é?

VIOLA – Muito parecida consigo, senhor.

DUQUE – Então ela não te merece. Que idade tem ela?

VIOLA – Aproximadamente a sua idade, milorde.

DUQUE – Velha demais! Minha nossa, deixe que as mulheres continuem pegando homens mais velhos. Ao mesmo tempo que ela vai se encaixando no jeito dele, toma as rédeas do coração do marido e consegue equilibrá-lo. Porque nós, rapaz, seja como for que elogiemos a nós mesmos, nossas afeições são mais volúveis e vacilantes, mais ansiosas e oscilantes que as das mulheres, e mais cedo se desgastam e mais cedo se perdem.

VIOLA – Penso que sim, milorde.

DUQUE – Então permite que o teu amor seja mais novo que tu, ou o teu afeto não vai segurar a tensão. Porque as mulheres são como as rosas: depois que a bela flor desabrochou, as pétalas caem no mesmo instante.

VIOLA – E são mesmo; ai de mim, que elas são assim mesmo. São criadas para fenecer quando chegam à perfeição!

Entram Cúrio e Feste.

DUQUE – Ah, companheiro, vamos lá, a música que ouvimos na noite passada. Observe, Cesário, como é antiga e simples. Costumam cantar essa toada as fiandeiras e as tricoteiras, trabalhando ao ar livre, e as donzelas que trabalham os fios com lançadeiras de osso. É uma verdade simples, que fala com ternura sobre a inocência do amor, como nos bons tempos de antigamente.

Feste – Está pronto, senhor?

Duque – Sim, peço-te: canta.

[Música.]

A canção [de Feste].

Vamos rápido, morte, se apresse!
Deito em tábuas tristes de cipreste.
Vai-te embora, sopro de vida meu!
Matou-me uma donzela linda e cruel.

Mortalha branca em muito teixo,
Já deixem tudo feito.
Não houve um outro mais fiel que eu:
Chegou aqui e morreu.

Só meu negro esquife, e nada de flores;
Não espalhem nem mesmo as mais doces.
Nenhum amigo, na despedida,
Onde os meus ossos terão guarida.
Suspiros devem ser poupados!
Que amantes tristes e pálidos
Não encontrem minha cova para
Ali verter suas lágrimas.

Duque – *[Entregando-lhe dinheiro:]* Aí tens, por teu esforço.

Feste – Não é esforço algum, sir; para mim, cantar é um prazer.

Duque – Estou pagando por teu prazer, então.

Feste – Verdade seja dita, senhor, mais cedo ou mais tarde o prazer nos cobra a conta.

Duque – Agora vou te pedir o favor de me dar licença.

Feste – Que Saturno, o deus da melancolia, vos proteja, e que o alfaiate faça o vosso gibão de um tafetá furta-cor, pois são opalescentes os vossos pensamentos. Homens de tal constância deveriam lançar-se ao mar, fazendo de tudo o seu negócio e levando suas intenções a toda parte, porque é bem isso o que é necessário, sempre, para fazer do nada uma boa viagem. Adeus.

[Sai.]

Duque – Que os outros se retirem, também.

[Saem Cúrio e os outros.]

Uma vez mais, Cesário, vai até lá, encarrega-te da mesma e suprema crueldade. Diz a ela de meu amor, mais nobre que o amor de um simples mortal, porque não valoriza a quantidade de terrenos enlameados. Quanto aos dotes de título e riqueza que o destino lhe concedeu, diz a ela que eu, assim como o destino, não lhes dou importância. O que nela me seduz a alma é esse milagre, realeza de preciosidades com que ela foi ornamentada pela Natureza.

Viola – Mas e se ela não consegue amá-lo, senhor?

Duque – Não posso aceitar tal resposta.

Viola – Na verdade, o senhor precisa. Digamos que alguma dama, que possivelmente existe, sente pelo seu amor uma dor no coração tão cruciante como a que o senhor tem por Olívia. E o senhor não consegue amá-la. O senhor diz isso a ela. Não deve ela aceitar tal resposta?

Duque – Não existe mulher de um tal tamanho que possa guardar em si a batida de uma paixão forte assim como esta que o meu amor confere ao meu coração. Não há coração de mulher que seja tão grande, para segurar tanto. Os corações femininos carecem de retenção. Ai de mim! O amor das mulheres pode ser chamado de apetite: não é emoção que venha do âmago, do fígado, mas vem, isso sim, do paladar, do céu da boca que se farta, se empanturra até ter náuseas. O meu afeto, este é faminto como os mares, e pode digerir tanto quanto um oceano. Não queira comparar o amor que alguma mulher possa ter por mim e o amor que sinto por Olívia.

Viola – Sim, mas eu sei...

Duque – O que é que tu sabes?

Viola – Sei muito bem quanto amor as mulheres podem sentir por um homem. Na verdade, elas têm um coração tão leal quanto o nosso. Meu pai teve uma filha que amou um homem quase que certo da mesma maneira que eu, fosse mulher, teria amado Vossa Senhoria.

Duque – E qual é a história dela?

Viola – Uma incógnita, milorde. Ela jamais declarou o seu amor, mas deixou que esse segredo, como larva dentro de uma rosa em botão, se alimentasse de suas rosadas faces. Ela definhou de tristeza e com melancolia de mórbida palidez deixava-se ficar sentada, como estátua de Paciência, sorridente diante da desgraça. Isso não foi amor? Nós, homens, podemos falar mais, prometer mais, mas na verdade nossas demonstrações são mais que nossos afetos, pois toda vez provamos muito em nossas juras, mas pouco em nosso amor.

Duque – Mas, a tua irmã, morreu desse amor, meu rapaz?

Viola – Eu sou todas as filhas da casa de meu pai, e todos os irmãos homens também, e, no entanto, eu não sei. Devo ir à casa de Lady Olívia, milorde?

Duque – Sim, esse é o nosso assunto. Vai, e corre. Entrega-lhe esta joia. E diz a ela que meu amor não se contém dentro de fronteiras, e não aceites uma recusa.

[Saem.]

Cena V

Nos jardins de Olívia.

Entram Sir Toby, Sir Andrew e Fabiano.

SIR TOBY – Por aqui, Signior Fabiano.

FABIANO – Sim, estou indo. Se eu perder nem que seja dez gramas dessa brincadeira, quero ferver de melancolia até a morte.

SIR TOBY – Tu não ias ficar contente de ver ele passar uma vergonha tremenda, esse sovina, esse miserável, esse duas caras?

FABIANO – Eu ia ficar exultante, homem. O senhor sabe que ele me deixou mal com a patroa; só porque eu trouxe para cá um urso acorrentado e soltei os cachorros em cima dele que era para a gente se divertir um pouco.

SIR TOBY – Para deixá-lo irritado, vamos trazer um urso de novo, e dessa vez é Malvólio quem vai ficar mordido. Não é mesmo, Sir Andrew?

SIR ANDREW – Se não conseguirmos isso, será uma vergonheira para nós.

Entra Maria.

SIR TOBY – Aí vem ela, a querida vilã da nossa história. E então, meu ouro da Índia?

MARIA – Escondam-se vocês os três no buxeiro. Malvólio está vindo por essa trilha; ele estava um pouco mais adiante, no sol, praticando as boas maneiras para com a própria sombra, esta última meia hora. Observem-no, por amor à zombaria. Eu sei que esta carta vai transformá-lo em um idiota contemplativo. Escondam-se, vamos, mas, em nome do deboche, aqui pertinho! *[Enquanto os homens escondem-se, ela deixa cair uma carta.]* E tu, fica aí, quietinha. Aí vem vindo a truta que devemos pescar com as mãos

[Sai.]

Entra Malvólio.

Malvólio – Não passa de sorte, afinal tudo é sorte. Maria uma vez me disse que ela tem admiração por mim, e eu mesmo ouvi ela dizer algo próximo disso: que se um dia ela se apaixonasse, seria por alguém da minha cor. Além disso, ela me trata com mais respeito do que qualquer um dos que estão a serviço dela. O que devo pensar disso?

Sir Toby – Aqui temos um maganão presunçoso!

Fabiano – Ah, silêncio! A contemplação faz dele um espécime raro de pavão metido a besta. É só ver como ele se empina todo por baixo das plumas!

Sir Andrew – Mas eu juro que podia dar uma surra nesse patife!

Sir Toby – Silêncio, estou pedindo!

Malvólio – Ser o Conde Malvólio!

Sir Toby – Ah, patife!

Sir Andrew – Um tiro de pistola nele!

Sir Toby – Silêncio, quietos!

Malvólio – Existe até um precedente. Lady de Strachy casou-se com o oficial responsável pelo guarda-roupa real.

Sir Andrew – Abaixo o patife, Jezebel!

Fabiano – Ei, silêncio! Agora ele está profundamente concentrado. Vejam como a imaginação faz ele inflar.

Malvólio – Depois de três meses casado com ela, sentado no meu trono…

Sir Toby – Ah, o que eu não daria por uma atiradeira! Acertava-lhe bem no olho!

Malvólio – ...mandando chamar meus oficiais, eu no meu roupão de veludo, bordado de folhas e ramos, recém-saído de um divã, onde deixei Olívia dormindo…

Sir Toby – Fogo e enxofre!

Fabiano – Quietos, silêncio!

Malvólio – E então, governar com mão de ferro: meu olhar examina com gravidade, um a um, os rostos de todos os presentes; digo-lhes que estou ciente de minha responsabilidade e espero que eles saibam qual a responsabilidade de cada um, e mando chamar meu parente Toby.

Sir Toby – Aos ferros! Aos grilhões!

Fabiano – Ah, silêncio, silêncio! Agora já, quietos!

Malvólio – Sete de meus súditos, de obediente iniciativa, vão buscá-lo. Enquanto isso, eu tenho a testa franzida, talvez dê corda no meu relógio, ou brinque com minha *[tocando sua corrente]*... alguma rica joia. Toby aproxima-se; faz uma reverência diante de mim...

Sir Toby – Vamos deixar vivo esse infeliz?

Fabiano – Embora o nosso silêncio esteja sendo arrancado de nós por tração de cavalos, peço-lhes que fiquem quietos!

Malvólio – Eu estendo minha mão para ele assim, reprimindo o meu usual sorriso com um olhar austero de controle...

Sir Toby – E Toby não lhe dá um murro na boca?

Malvólio – ...dizendo: "Primo Toby, em havendo a minha boa estrela colocado a minha pessoa no caminho de sua sobrinha, é-me dada esta prerrogativa de dizer-lhe...".

Sir Toby – Dizer o quê?!

Malvólio – "Você precisa curar a sua bebedeira."

Sir Toby – Xô, sarna!

Fabiano – Não! Tenha paciência, senão rompemos os tendões de nossa trama.

Malvólio – "Além disso, você perde o seu tempo mais precioso com um cavaleiro apatetado..."

Sir Andrew – Esse sou eu, isso eu garanto.

Malvólio – "Um tal de Sir Andrew."

Sir Andrew – Eu sabia que era eu, pois não foi nem um nem dois que já me chamaram de pateta.

Malvólio – *[Vendo a carta:]* Que encargo temos aqui?

Fabiano – Caiu a sopa no mel.

Sir Toby – Ah, silêncio! E que um impulso de excentricidade exija dele ler em voz alta!

Malvólio – *[Apanhando a carta:]* Por minh'alma, é a letra de milady: são dela este X, estes O, estes T, estes A, e é bem assim que ela faz maiúsculos os P de pau. Não há como duvidar que por trás disto aqui tem a mão dela.

Sir Andrew – Este X, estes O, estes T e estes A: para que isso?

Malvólio – *[Lendo:]*

Para o amado anônimo, esta e meus melhores votos de felicidades.

As frases que ela usa! Com licença, lacre. Calma! É a estampa do selo dela: um perfil de Lucrécia que ela usa para lacrar. Só pode ser a minha patroa! Mas para quem seria esta carta?

[Abre a carta.]

Fabiano – Isso agora vai conquistá-lo, fígado, coração e tudo.

Malvólio – *[Lendo:]*

Estou amando, e Júpiter sabe;
Mas amando quem?
Coração, ordeno que se cale:
Isso eu não conto a ninguém.
"Isso eu não conto a ninguém!" O que mais? Os versos em métricas diferentes! "Isso eu não conto a ninguém!" ... Ah, se esse fosse você, Malvólio!

Sir Toby – Deveras! Pode cortar os pulsos, seu cara de fuinha.

Malvólio – *[Lendo:]*

Onde posso mandar, sinto adoração;
Já esse silêncio, tal qual um punhal,
Vai rasgando em nesgas o meu coração
M.O.A.I. balança a minha alma.

Fabiano – Uma charada e tanto. Bombástica!

Sir Toby – Uma moça e tanto, digo eu.

Malvólio – "M.O.A.I. balança a minha alma." Sim, mas primeiro deixe-me ver, deixe-me ver, deixe-me ver.

Fabiano – Que prato de veneno que ela preparou para ele!

Sir Toby – E o francelho já vai abrindo as asinhas!

Malvólio – “Onde posso mandar, sinto adoração.” Ora, ela pode mandar em mim: eu sou o criado, ela é minha patroa. Ora, isso é evidente para qualquer um com capacidade de raciocínio. Não há obstáculos aqui. E o finzinho: o que será que esse arranjo alfabético está pressagiando? Se eu pudesse fazer isso aqui parecer-se com algo em mim! Vamos com calma! “M.O.A.I.”...

Sir Toby – Ô, aí, é só juntar dois mais dois! O homem está frio, nem consegue farejar a isca.

Fabiano – O sabujo vai festejar sua descoberta, e isso apesar de que a isca está bem debaixo do seu nariz e fede como um gambá.

Malvólio – “M”... Malvólio! “M”! Ora, o meu nome começa com “M”!

Fabiano – Eu não disse que ele ia descobrir? O vira-lata é ótimo para quem não tem faro.

Malvólio – “M”... Mas depois não tem consonância a continuação, e responde mal a um teste. “A” deveria ser a letra seguinte, mas é “O”.

Fabiano – E “O” é o fim disso, eu espero.

Sir Toby – Tem de ser, senão dou-lhe uma cacetada e faço ele gritar “O”.

Malvólio – E logo atrás vem o “I”.

Fabiano – Sim, e se você tivesse um olho atrás, podia ver que tem mais desgraceiras no seu encalço que felicidades à sua frente.

Malvólio – "M.O.A.I." Este jeito de disfarçar não é como o outro. E, no entanto, é só espremer a coisa um pouquinho e tudo se inclina para o meu lado, porque todas essas letras tem no meu nome. Calma! Agora aqui temos prosa.

[Lendo:]

Se esta cair em tuas mãos, atenta para o peso de minhas palavras. No destino que me traçaram as estrelas, estou acima de ti, mas não te amedrontes diante da grandeza. Alguns nascem grandes, outros alcançam a grandeza, e outros ainda recebem uma grandeza que lhes é jogada nos ombros. Agora as tua estrelas abrem os braços para ti. Deixa que teu sangue e espírito abracem a tua sorte e, para acostumar-te com o que podes vir a ser, despoja-te de teu humilde revestimento e faz-te ressurgir renovado. Sê o antagonista de um parente, e ríspido com os criados. Deixa tua boca ressoar argumentos de autoridade política, adorna-te das peculiaridades de quem é ímpar. É ela quem assim te aconselha, aquela que por ti suspira. Lembras de quem comentou tuas meias amarelas e queria sempre te ver com as ligas transpassadas? Pois bem, eu te peço: lembra. Eu te digo: tu estás feito na vida, se assim o desejares. Se não, deixa-me ver-te sempre como mordomo, um companheiro dos criados, e indigno de tocar os dedos da boa Fortuna. Adeus. Aquela que trocaria de posição contigo,

A Infeliz Afortunada.

Nem as planícies, nem a luz do dia revelariam mais! Isto aqui está escancarado. Serei um homem orgulhoso, lerei os autores políticos, vou degradar Sir Toby, vou me desfazer dos meus conhecidos rudes e grosseirões, seguirei essa receita de homem à perfeição. Agora, não vou me enganar, deixando que a imaginação venha me derrear, pois que todas as razões despertam-me para isto: milady minha patroa me tem amor. Ela de fato comentou minhas meias amarelas pouco tempo atrás, elogiou minhas pernas por exibirem ligas transpassadas, e com isso ela se apresentou ao meu afeto, e com uma espécie de injunção vai me guiando para esse jeito de trajar que é de seu agrado. Sou grato às minhas estrelas, estou feliz. Serei altivo e distante, de meias amarelas e ligas transpassadas, sempre rápido para me vestir. Que sejam louvados, Júpiter e a minha boa estrela! ... E ainda temos um P.S. *[Lendo:] Tu não tens escolha, a não ser descobrir quem sou. Se te agrada o meu amor, demonstra isso em teu sorriso, que teus sorrisos ficam em ti muito bem. Em minha presença, portanto, tu deves sorrir sempre, meu querido, eu te peço.* Por Júpiter, eu te agradeço, e vou sorrir, sim, farei tudo que for de teu desejo que eu faça.

[Sai.]

Fabiano – Não troco isso nem pelos milhares de uma pensão que me pagasse o Sufi, aquele Xá da Pérsia.

Sir Toby – Eu até era capaz de me casar com essa moça, de tão bem-montado esse estratagema.

Sir Andrew – Até eu também.

SIR TOBY – E eu não exigiria nenhum dote de noiva junto com ela, a não ser outra trampa como esta.

Entra Maria.

SIR ANDREW – Nem eu também não.

FABIANO – Aí vem a minha nobre caçadora de gaivotas apalermadas.

SIR TOBY – Gostarias de pisar com teu pezinho no meu pescoço?

SIR ANDREW – Ou então no meu também?

SIR TOBY – Devo apostar minha liberdade num jogo de dados e tornar-me teu escravo?

SIR ANDREW – Deveras! Ou então eu também?

SIR TOBY – Ora, tu colocaste o homem dentro de um tal sonho que, quando a imagem desse sonho abandoná-lo, ele não tem escolha outra que não enlouquecer.

MARIA – Qual nada! Mas, diz-me a verdade: funcionou?

SIR TOBY – Como aquavita com uma parteira.

MARIA – Se o senhor vai ficar para ver os frutos dessa brincadeira, atente bem para agora quando ele se apresentar diante de milady: vai aparecer na frente dela de meias amarelas, uma cor que ela odeia, e com as ligas transpassadas, um modismo que ela detesta. E ele vai estar sorrindo para ela, o que vai ser inconveniente diante das circunstâncias, viciada como ela está na própria melancolia, o que vai necessariamente provar que ele a está desacatando. Se o senhor vai ficar para ver, então venha comigo.

Sir Toby – Aos portões de Tártaro, tu, de uma sabedoria perfeitamente diabólica!

Sir Andrew – E até eu também.

[Saem.]

TERCEIRO ATO

Cena I

Nos jardins de Olívia.

Entram Viola e Feste [tocando flauta e tamboril].

VIOLA – Salve, amigo, e tua música também! Comes o pão de cada dia assim, com esse tamboril do teu lado?

FESTE – Não, senhor. Como o pão de cada dia com a igreja do meu lado.

VIOLA – Então és um clérigo?

FESTE – Nada disso, senhor. Como o pão de cada dia com a igreja do meu lado porque moro em minha casa, e minha casa fica do lado da igreja.

VIOLA – Então podes dizer que o rei dorme ao lado de um mendigo, se um mendigo tem alojamento perto do palácio real; ou que a igreja está sempre do lado do teu tamboril, se o teu tamboril fica do lado da igreja.

FESTE – O senhor está dizendo, sir. Para ver, os tempos de hoje! Uma frase é de fato uma luva de pelica para uma grande inteligência: como se pode rapidamente virá-la do avesso!

VIOLA – Sim, isto é certo: os que flertam muito bem com as palavras podem rapidamente torná-las devassas.

Feste – Então eu gostaria que minha irmã não tivesse nome, senhor.

Viola – Ora, mas e por quê, homem?

Feste – Ora, meu senhor, o nome dela é uma palavra, e flertar com essa palavra pode fazer de minha irmã uma devassa. Mas, de fato, palavras são coisas muito canalhas, desde que os contratos as desgraçaram.

Viola – Por que razão, homem?

Feste – Minha palavra de honra, senhor: não posso lhe dar uma razão sem palavras, e as palavras são cada dia mais falsas, e eu não tenho disposição para provar um argumento sem elas.

Viola – Tenho certeza de que tu és um sujeito feliz, sem preocupações nesta vida. Nada te interessa.

Feste – Nada disso, senhor. Uma que outra coisa me interessa, sim. Mas, de sã consciência, senhor, sua pessoa não me interessa. Se isso significa que nada me interessa, sir, eu gostaria que isso o tornasse invisível.

Viola – Não és o bobo de Lady Olívia?

Feste – Certamente que não, meu senhor: Lady Olívia não é dada a tolices ou extravagâncias. Ela não sustentará bobo algum, sir, até que tenha se casado, e bobos e maridos parecem-se tanto quanto sardinhas e arenques: o marido é o mais grande. Na verdade, eu não sou o bobo de Lady Olívia; eu sou o seu corruptor de palavras.

Viola – Eu o vi recentemente, na casa do Conde Orsino.

Feste – Asneiras, senhor, passeiam pelo globo assim como o sol, que brilha em todos os cantos. Eu devia estar arrependido, sir, mas o bobo deve estar tanto com o seu amo quanto com a minha patroa: eu lembro de ter visto a sua sabedoria naquela casa.

Viola – Sim, e se tu ficas me espetando com teus comentários, eu não quero mais nada contigo. Aqui, pega, para tuas despesas.

[Dá-lhe uma moeda.]

Feste – Que Júpiter, em sua próxima consignação de pelos, conceda-te uma barba!

Viola – Palavra de honra, e isto eu posso te contar: estou quase doente por uma barba. *[À parte:]* Apesar de que eu não a quero crescendo no meu rosto. – Tua patroa está em casa?

Feste – Duas destas* não teriam dado cria, senhor?

Viola – Sim, se forem guardadas juntas e usadas para render.

Feste – Eu faria o papel de Lorde Pândaro de Frígia, senhor, para trazer uma Créssida até o seu Troilo.

Viola – Eu lhe entendo, senhor, está muito bem-mendigada a segunda moeda.

[Dá-lhe outra moeda.]

---

* Feste está se referindo à moeda.

Feste – Esta matéria, senhor, não é grande coisa: pedir esmola a uma mendiga. Créssida era uma mendiga. Minha patroa está em casa, sir. Explanarei a eles de que lado o senhor vem; quem o senhor é e o que o senhor deseja está fora de minha área explanar. Eu diria "fora de meu alcance", mas essa é uma expressão que está gasta, de tão usada.

[Sai.]

Viola – Esse camarada é inteligente o bastante para ser o bobo, e para ser um ótimo bobo é preciso uma espécie de sabedoria: ele deve observar o humor daqueles a quem ele está divertindo, a qualidade das pessoas e o momento, e, como o falcão bravio, deve examinar um a um os pássaros que se apresentam aos seus olhos. Esse é um ofício tão laborioso quanto a arte de um sábio, pois as piadas que ele inventa são convenientes e sutis, enquanto homens sábios, quando querem fazer piada, arranham a própria inteligência.

Entram Sir Toby e Sir Andrew.

Sir Toby – Salve, cavalheiro.

Viola – Salve, senhor.

Sir Andrew – *Dieu vous garde, monsieur.*

Viola – *Et vous aussi; votre serviteur.*

Sir Andrew – Espero que sim, senhor, você o meu e eu o seu.

Sir Toby – O senhor irá de encontro à casa? Minha

sobrinha está desejosa de que o senhor adentre, se é que as suas negociações são com ela.

Viola – Estou indo rumo à sua sobrinha, senhor. Com isso digo que ela é o ponto de chegada de meu itinerário.

Sir Toby – Prove suas pernas, sir, coloque-as em marcha.

Viola – Minhas pernas me entendem a mim, senhor, melhor do que eu entendo o que o senhor quer dizer ao pedir que eu prove minhas pernas.

Sir Toby – Quero dizer vá, senhor, entre.

Viola – Responderei ao senhor assim que eu entrar com a andadura correta, mas estamos nos precipitando.

Entram Olívia e Maria.

Dama da mais completa e pura perfeição, os céus fazem chover olores sobre a senhora!

Sir Andrew – Esse jovem cortesão é bajulador raro: "chover olores"... Ótimo.

Viola – O assunto que me traz à sua casa, senhora, encontrará voz apenas para seus ouvidos naquilo que eles têm de mais receptivo e condescendente.

Sir Andrew – "Olores", "receptivo" e "condescendente": vou deixar todas essas três em estado de prontidão.

Olívia – Que os portões do jardim sejam fechados, e vocês todos me deem licença: tenho uma audiência agora.

[Saem Sir Toby, Sir Andrew e Maria.]

Dê-me a sua mão, sir.

Viola – É meu dever, milady, e estou humildemente a seu serviço.

Olívia – Qual o seu nome?

Viola – Cesário é o nome de seu criado, linda princesa.

Olívia – Meu criado, senhor? O mundo não é mais o mesmo desde que a submissão fingida passou a ser chamada de lisonja. Você é criado do Conde Orsino, meu jovem.

Viola – E ele é seu criado, e as obrigações deles devem ser para consigo. É seu criado o criado de seu criado, madame.

Olívia – Quanto a ele, eu não penso nele. Quanto a mim, preferia que ele pensasse em nada em vez de pensar em mim.

Viola – Madame, eu venho instigar os seus mais delicados pensamentos em favor dele.

Olívia – Ah, por favor, com sua licença, eu lhe suplico! Pedi que nunca mais me falasse dele. Se quiser, contudo, atender-me em ainda um outro pedido, prefiro ouvir esse pedido de você a ouvir música celestial.

Viola – Cara dama…

Olívia – Com sua licença, eu lhe imploro. Depois do último encantamento que você executou aqui em minha casa, enviei um anel em seu encalço. Cometi assim uma injustiça comigo mesma, com meu criado e, receio, com você, que deve ter feito mau juízo de mim. Forcei-o a fazer parte de uma vergonhosa artimanha que você sabia não dizer-lhe respeito. O que você poderia pensar? Será que não acorrentou minha honra num poste e trincou-a com todos os pensamentos desamordaçados de que é capaz um coração tirano? Para alguém com sua percepção, expus-me o bastante. Em vez de meu peito, é uma gaze fina que esconde o meu coração. Portanto, deixe-me ouvir o que tens a dizer.

Viola – Tenho-lhe pena.

Olívia – Já é um passo para o amor.

Viola – Não, não é um passo. É de conhecimento geral que muitas vezes temos pena de nossos inimigos.

Olívia – Ora, então parece-me que é chegada a hora de sorrir de novo. Ah, que mundo este, e como é acertado para uma pobre alma ter o seu orgulho! Se nos cabe ser o animal mais fraco, é bem melhor cair presa de um leão que de um lobo.

[Bate o relógio.]

O relógio censura-me por estar perdendo o meu tempo. Não há o que temer, jovem, eu não terei você. Porém, quando a inteligência e a juventude tiverem o seu tempo de colheita, aquela que for sua esposa terá os frutos de um homem de verdade. Ali está o seu caminho, rumo ao poente.

Viola – Rumo ao poente, então. Que a Graça celestial e a paz de espírito acompanhem Vossa Senhoria. Não é de seu desejo, madame, enviar uma palavra ao meu amo, por meu intermédio?

Olívia – Espera: peço-te que digas a ele o que pensas de mim.

Viola – Que a senhora pensa que não é o que é.

Olívia – Se penso assim, penso o mesmo de você.

Viola – Então o seu pensamento está correto: eu não sou o que sou.

Olívia – Eu gostaria que você fosse como eu quero que você seja.

Viola – Seria isso, madame, coisa melhor do que sou? Quisera eu que sim, pois agora estou sendo o seu bobo.

Olívia – *[À parte:]* Ah, mas tem um traço de escárnio tão lindo, mas tão lindo mesmo, no desprezo e na raiva que os lábios dele revelam. Uma culpa assassina é algo que se revela mais cedo ou mais tarde, assim como um amor que se quer manter escondido. É ao meio-dia que o amor se esconde nas sombras. – Cesário, pelas rosas da primavera, por minha castidade, honra, lealdade e tudo o mais, eu te amo tanto que, apesar de todo o teu orgulho, nem o bom-senso nem a razão podem ocultar este meu sentimento apaixonado. Não arranques de minhas premissas as razões pelas quais não podes me amar, pois estou te cortejando, e assim ficas sem uma boa razão. Mas sê razoável comigo e argumenta contra este argumento: um amor que se conquista é bom, mas um amor que nos é dado sem pedir é ainda melhor.

Viola – Por minha inocência, eu juro, e por minha pouca idade: eu tenho um só coração, e ele bate dentro de um só peito e com uma só verdade, e nenhuma mulher o tem. E nunca mulher alguma virá a ser dona do meu coração, só eu. Portanto, *adieu*, minha boa Dona Olívia. Nunca mais vou deplorar as lágrimas que meu amo derrama pela senhora.

Olívia – Mesmo assim, convido-te a voltar, pois talvez possas convencer esse coração que hoje odeia a gostar do amor de Orsino.

Cena II

Na casa de Olívia.

Entram Sir Toby, Sir Andrew e Fabiano.

Sir Andrew – Não, de verdade, eu não fico nem um segundo mais.

Sir Toby – Mas, e qual seria o motivo dessa tua mimosa virulência? Me explica.

Fabiano – O senhor precisa apresentar um motivo, Sir Andrew.

Sir Andrew – Arre! Eu vi a sua sobrinha dispensar favores ao empregado do Conde como nunca os dispensou a mim. Eu vi. No pomar.

Sir Toby – E ela te viu, meu velho? Me diz se ela te viu.

Sir Andrew – Com tanta clareza quanto estou lhe vendo agora.

Fabiano – Isso foi uma grande prova de amor da parte dela para em relação ao senhor.

Sir Andrew – Mas, pela luz que nos alumia! Você agora vai querer me fazer de palhaço?

Fabiano – Posso provar que é legítimo o que digo, senhor, baseado em juramentos de boa argumentação e raciocínio lógico.

Sir Toby – E eles vêm julgando se um processo vai ou não a julgamento desde antes de Noé ser marinheiro.

Fabiano – Ela dispensou favores ao jovem diante de seus olhos apenas para levá-lo ao desespero, para fazer despertar o seu valor dormente, pôr fogo no seu coração e enxofre no seu fígado. O senhor então devia tê-la abordado e, com algumas ótimas tiradas, tinindo de tão novo em folha, devia ter esmurrado o rapaz até deixá-lo desacordado. Isso era o que se esperava de suas mãos, Sir Andrew, e frustração foi o resultado. Uma oportunidade dessas, duplamente dourada, e o senhor deixa passar. Agora o senhor foi despachado para o polo norte da opinião de minha patroa, onde vai ficar pendurado como gelo na barba de um batavo, a menos que o senhor tente redimir-se com um ato louvável, de valorosa coragem ou de estratégia política.

SIR ANDREW – Se for alguma coisa, será coisa de coragem, porque detesto a política. Prefiro mil vezes ser um puritano que um político.

SIR TOBY – Ora, mas então me trata de construir tua boa sorte baseado na coragem. Vai e me desafia o rapaz do Conde para uma briga, e bate nele em onze lugares diferentes; minha sobrinha haverá de notar. E tu podes estar certo de uma coisa: não tem casamenteira no mundo que possa persuadir uma mulher do valor de um homem tanto quanto um relato de coragem.

FABIANO – Não tem outro jeito, Sir Andrew.

SIR ANDREW – Será que um de vocês dois pode levar até ele o meu desafio?

SIR TOBY – Vai, escreve em caligrafia marcial, sê feroz e lacônico; não interessa ser inteligente, desde que tenha muito conteúdo e frases de efeito e eloquência. Insulta o rapaz com a força da tinta no papel. Chama-o de "tu" umas duas ou três vezes, que isso não passa despercebido. Chama-o de mentiroso e falso tantas vezes quantas couber na folha, como se a folha fosse imensa folhagem dos jardins da realeza. Vai, trata disso. Deixa pingar fel de tua pena de ganso. Trata, anda.

SIR ANDREW – E onde eu encontro vocês?

SIR TOBY – Nós te chamamos no teu cubículo. Vai!

[Sai Sir Andrew.]

Fabiano – Um caríssimo amigo o senhor tem nesse seu fantoche, Sir Toby.

Sir Toby – Eu é que tenho sido caríssimo para ele, rapaz, bem uns dois mil, por aí.

Fabiano – Nós vamos ter uma carta e tanto dele. Mas o senhor não vai entregá-la, certo?

Sir Toby – Se não a entrego, não sou eu. E por todos os meios vou cutucar esse jovem para termos dele uma resposta. Eu acho que nem bois nem cordas de carreta vão atrelar esses dois. Já Andrew, se você abri-lo e conseguir encontrar sangue suficiente no fígado para estorvar a pata de uma pulga, eu como o resto da anatomia dele.

Fabiano – E o oponente dele, o tal jovem, não traz no semblante nenhum grande presságio de crueldade.

Entra Maria.

Sir Toby – Olhe que aí vem a mais novinha das últimas corruíras que saíram da casca.

Maria – Se os senhores querem rir como se lhes estivessem fazendo cócegas, venham comigo. Além de crédulo, Malvólio virou pagão, o próprio renegado, pois não é possível haver cristão desejoso de se salvar pela fé e com justeza que acredite em tantas instâncias impossíveis de vulgaridade. Ele está de meias amarelas!

Sir Toby – E com as ligas transpassadas?

Maria – Do modo mais infame, como um pedante que se dá ares de mestre-escola mas dá aula na igreja. Estou seguindo o homem como se fosse eu o seu matador. Ele obedece cada ponto da carta que inventei para enganá-lo. Escancara um sorriso que lhe põe no rosto mais linhas do que tem o mapa novo, com o desenho das Índias aumentado. Ninguém nunca viu coisa igual. Mal consigo abster-me de arremessar coisas contra ele. Eu sei que minha patroa vai acertar uma nele; se ela fizer isso, ele vai sorrir e achar que ela está lhe dispensando especial atenção.

Sir Toby – Vamos, leve-nos até onde ele está.

[Saem todos.]

Cena III

Na rua.

Entram Sebastião e Antônio.

Sebastião – Não é de meu desejo incomodá-lo, mas, uma vez que lhe apraz ter essa trabalheira, não está mais aqui quem o censura.

Antônio – Eu não podia ficar para trás. Minha vontade, mais poderosa que o aço mais afiado, me pôs em marcha; nem tanto a vontade de revê-lo (muito embora fosse tanta que levaria qualquer um a empreender viagem ainda mais longa), mas uma agonia por aquilo que pudesse acontecer em sua jornada, sendo o senhor inexperiente por estas regiões que, para um estranho sem guia e sem amigos, sabem ser brutais e inospitaleiras. O amor que lhe tenho, afeto voluntário e impulsionado ainda por esses argumentos de medo, colocou-me no seu encalço.

Sebastião – Meu querido Antônio, não tenho outra resposta a te dar que não seja obrigado, e obrigado, e para sempre obrigado. Muitas vezes os belos gestos são rapidamente descartados com um tal pagamento sem valor. Fosse a minha riqueza, assim como minha consciência, real, e você teria melhor troca. O que vamos fazer? Visitar as relíquias da cidade?

Antônio – Amanhã, sir. Agora é melhor procurar alojamento.

Sebastião – Não estou fatigado, e ainda falta muito para ser noite. Peço-te, vamos satisfazer nossos olhos com os monumentos e os pontos que emprestam fama a esta cidade.

Antônio – Gostaria que o senhor me perdoasse: não é sem correr perigo que ando nestas ruas. Houve uma vez em que, em batalha naval contra as galés do Conde, fiz um estrago de tal monta que, se tivessem me apanhado, eu dificilmente teria como reparar ou mesmo justificar meus atos.

Sebastião – Provavelmente matou muitos dos homens dele.

Antônio – O crime não foi de natureza sangrenta, muito embora as características da época e da batalha nos dessem boas razões para derramamento de sangue. Desde então, tudo o que lhes foi tomado foi restituído, e a maioria da cidade fez assim, pelo bem do comércio. Apenas eu fiz diferente e por isso, se me pegam aqui neste lugar, terei de pagar caro.

Sebastião – Então não caminhe assim tão à vista.

Antônio – Não combina comigo. Pegue, senhor, meu dinheiro está aqui nesta bolsa. Nos subúrbios para o lado sul, no Elefante, é o melhor lugar onde hospedar-se. Vou antes e encomendo nossa refeição, enquanto o senhor se distrai e faz passar o tempo e alimenta-se de conhecimento visitando a cidade. Depois encontramo-nos.

Sebastião – Por que fico com tua bolsa?

Antônio – Logo o seu olho vai encontrar alguma coisinha que o senhor terá desejo de adquirir. E as suas economias, acho eu, não são para desperdiçarem-se no mercado, senhor.

Sebastião – Tua bolsa fica aos meus cuidados, e eu me privo de tua companhia por uma hora.

Antônio – Depois, ao Elefante.

Sebastião – Não esquecerei.

[Saem, separados.]

Cena IV

Na casa de Olívia.

Entram Olívia e Maria.

Olívia – *[À parte:]* Mandei buscá-lo, e ele diz que vem. Como vou agradá-lo? Com o que posso presenteá-lo? A juventude no mais das vezes é comprada, e não se a toma emprestada, nem suplica-se por ela. Estou falando alto... – Onde está Malvólio? Ele é sério e controlado, e adapta-se bem, para um criado, com a minha sorte. Onde está Malvólio?

Maria – Está vindo, madame, mas está muito estranho. Deve estar possuído, madame.

Olívia – Por quê? Qual o problema? Ele está fora de si, enfurecido?

Maria – Não, madame, ele só faz sorrir. Seria melhor Vossa Senhoria ter algum guarda consigo se ele chegar perto, porque o homem com certeza está ruim da cachola.

Olívia – Vá chamá-lo. *[Sai Maria.]* Se uma loucura triste e uma loucura feliz se igualam, estou tão doida quanto ele.

Entra Malvólio, com Maria.

E então, Malvólio?

Malvólio – Minha doce dama, olá!

Olívia – Tu sorris? Mandei buscar-te para assunto sério.

Malvólio – Sério, milady? Eu poderia estar sério, mas isto aqui obstrui o sangue, estas ligas transpassadas. Mas, o que importa? Se eu conseguir agradar ao olhar de alguém, faço minhas as palavras daquele soneto, tão verdadeiro: "Se agrado a uma, agrado a todas".

Olívia – Ora, homem, estás bem? Qual é o problema contigo?

Malvólio – Não estou com a mente obscurecida, embora esteja com as pernas amarelecidas. Ela chegou às minhas mãos, e ordens são ordens que é para serem executadas. Acho que nós sabemos de quem é a mimosa letra em itálico.

Olívia – Queres ir para a cama, Malvólio?

Malvólio – Para a cama? Sim, meu amor, e eu já te encontro lá.

Olívia – Que Deus te ajude! Por que sorris desse jeito, e beijas tua mão tantas vezes?

Maria – Você está passando bem, Malvólio?

Malvólio – A seu pedido?! Sim, rouxinóis respondem em resposta às gralhas!

Maria – Por que você se apresenta com essa impertinência ridícula em frente a milady?

Malvólio – "Não te amedrontes diante da grandeza", é o que estava escrito.

Olívia – O que estás querendo dizer com isso, Malvólio?

Malvólio – "Alguns nascem grandes"...

Olívia – Hã?

Malvólio – "Outros alcançam a grandeza"...

Olívia – Do que estás falando?

Malvólio – "E outros ainda recebem uma grandeza que lhes é jogada nos ombros"...

Olívia – Que os céus te devolvam a saúde!

Malvólio – "Lembras de quem comentou tuas meias amarelas?"...

Olívia – Tuas meias amarelas?

Malvólio – "E queria sempre te ver com as ligas transpassadas?"

Olívia – Transpassadas?

Malvólio – "Tu estás feito na vida, se assim o desejares"...

Olívia – Estou feita na vida?

Malvólio – "Se não, deixa-me ver-te sempre como mordomo."

Olívia – Ora, isso é a própria maluquice de meio de verão.

Entra o Criado.

Criado – Madame, o jovem cavalheiro do Conde Orsino está de volta. Não me deixou falar, e não consegui mandá-lo embora. Ele está ao seu dispor.

Olívia – Eu vou até ele. *[Sai o Criado.]* Minha boa Maria, veja que cuidem desse camarada. Onde está meu primo Toby? Que algumas pessoas de minha casa cuidem muito bem dele. Nem por metade de meu dote, eu não gostaria de vê-lo extraviando-se por aí, ou machucando-se.

[Saem Olívia e Maria, em diferentes direções.]

Malvólio – Ah, olá, agora então você vem se chegando? Ninguém pior que Sir Toby para cuidar de mim. Isso coincide exatamente com a carta: ela o manda de propósito, para que eu seja teimoso com ele; ela me instiga a isso na carta. "Despoja-te de teu humilde revestimento", foi o que ela escreveu; "sê o antagonista de um parente, e ríspido com os criados. Deixa tua boca ressoar argumentos de autoridade política, adorna-te das peculiaridades de quem é ímpar" e, subsequentemente, estabelece de que maneira: com um semblante sério, um porte venerável, um discurso lento, empregando o hábito de algum senhor de notoriedade, e assim por diante. Eu a capturei com visgo, mas isso é coisa de Deus, e é a Deus que sou grato! E quando ela se retirou, "veja que cuidem desse camarada". Camarada! Não Malvólio, não o nome de minha ocupação, mas "camarada"! Ora, as peças vão se encaixando, de modo que nem cem gramas de escrúpulo, nem o escrúpulo de um grama, nem um único obstáculo, nenhum grau de incredulidade ou insegurança – o que se pode dizer? – nada que pudesse interpor-se entre mim e a larga perspectiva de minhas esperanças. Bem, é Deus, e não eu, quem fez isso, e devo a Ele agradecer.

Entram Sir Toby, Fabiano e Maria.

Sir Toby – Onde é que ele se meteu, em nome da santidade? Mesmo que todos os demônios do inferno, que vivem apinhados, apinhem-se nessa coisa pouca, e mesmo que a própria Legião deles o possua, ainda assim quero falar com ele.

Fabiano – Aqui está ele, aqui está ele. O que se passa consigo, sir? O que está se passando com você, homem?

Malvólio – Vão-se embora, eu os estou dispensando. Deixem-me aproveitar minha privacidade. Vão.

Maria – Vejam, com que voz cavernosa o satanás fala de dentro dele! Eu não lhes disse? Sir Toby, minha patroa pede-lhe encarecidamente que o senhor cuide dele.

Malvólio – *[À parte:]* Arrá! Então ela pede isso?

Sir Toby – Aproximem-se, aproximem-se. Calma, calma, precisamos lidar com ele de modo delicado. Deixem comigo. Você está passando bem, Malvólio? O que está se passando com você? Ora, vamos, homem, desafie o demônio! Leve em conta que ele é um inimigo da humanidade.

Malvólio – O senhor sabe o que está dizendo?

Maria – Mas olhem só! É só falar mal do diabo e ele fica ofendido! Queira Deus que ele não esteja enfeitiçado.

Fabiano – Carece de levar a urina dele para a curandeira.

Maria – Arre! E tem de ser feito amanhã de manhã; se eu ainda estiver viva. Minha patroa não quer perdê-lo, por causa do prejuízo (mais do que posso dizer).

Malvólio – Como assim, senhorita?

Maria – Ah, meu Deus!

Sir Toby – Eu te suplico, aquieta-te, não é essa a maneira de fazer as coisas. Você não está vendo que o deixa alterado? Deixem-me a sós com ele.

Fabiano – A única maneira é delicadeza, gentileza, fineza. O satanás é bruto, e não se deixa tratar com brutalidade.

Sir Toby – Ora, mas o que é que temos, meu vistoso? Estás passando bem, mimoso?

Malvólio – Sir!

Sir Toby – Isso, meu queridinho, vem comigozinho. Ora, homem, não é para a sobriedade ficar brincando com Satã como duas crianças. Enforca ele, seu carvoeiro, seu sujo!

Maria – Faz ele dizer as orações, meu bom Sir Toby, faz ele rezar.

Malvólio – As orações, mulher assanhada!

Maria – Não, eu lhe garanto, ele não quer nem ouvir falar da divindade.

Malvólio – Vão se enforcar, vocês todos. Vocês são preguiçosos, gentinha supérflua, eu não sou da mesma laia que vocês. Depois vocês vão ficar sabendo mais.

[Sai.]

Sir Toby – É possível, isso?

Fabiano – Se isso agora estivesse sendo representado num palco, eu condenaria a coisa toda como uma ficção improvável.

Sir Toby – A alma dele deixou-se infectar pelo estratagema, homem.

Maria – Mas então! Atormente-o agora, antes que vermes descubram e arruínem o estratagema.

Fabiano – Isso, vamos deixar o sujeito louco de pedra.

Maria – A casa vai ficar mais silenciosa.

Sir Toby – Então vamos colocá-lo num quarto escuro, amarrado. Minha sobrinha já está convicta de que ele é louco. Podemos ir levando a coisa assim, enquanto nos divertimos e ele cumpre penitência, até que este nosso passatempo, já cansado e sem fôlego, inspire-nos a ter dó dele. Nesse momento, julgaremos o estratagema, e tu serás coroada descobridora de loucos. Vocês vão ver.

Entra Sir Andrew.

Fabiano – Inda mais diversão prum dia de verão!

Sir Andrew – Aqui está, o desafio. Leiam. Eu lhes garanto que ele tem pimenta e vinagre.

Fabiano – Está bem desabusado mesmo?

Sir Toby – Sim, e eu provo isso para ele. Mas, leiam.

Sir Toby – Deixe eu ver. *[Lê:] Jovem, seja lá quem tu fores, tu não passas de um camarada desprezível.*

Fabiano – Bom, e tem valentia.

Sir Toby – *Não fiques imaginando, nem fiques tentando adivinhar, por que eu me dirijo a ti assim, pois não vou te oferecer razões.*

Fabiano – É uma boa observação; isso tira o senhor do alcance da lei.

Sir Toby – *Tu visitas Lady Olívia, e sob minhas vistas ela te usa gentilmente. Mas tu mentes pelos cotovelos; não é por isso que te estou desafiando.*

Fabiano – Bastante breve, e mostra em alto grau o bom-senso *[À parte:]* que está faltando.

Sir Toby – *Atacar-te-ei em uma emboscada quando fores embora, quando então terás tua chance de me matar...*

Fabiano – Bom.

Sir Toby – *E podes me matar como um canalha e um patife.*

Fabiano – O senhor continua mantendo-se a barlavento da lei. Muito bom.

Sir Toby – *Passar bem, e que Deus tenha piedade de uma de nossas almas! Ele pode ter piedade da minha, mas a minha esperança é maior, e portanto: cuida-te. Do teu amigo, para que dele tu usufruas, e teu inimigo declarado,*

Andrew Aguecheek.

Se esta carta não fizer ele se mexer, é porque as pernas dele não funcionam. Eu entrego a carta.

Maria – A ocasião é ideal: ele está agora mesmo tratando de algum assunto particular com milady e logo, logo irá embora.

Sir Toby – Vá, Sir Andrew. O senhor me vigie ele ali no cantinho do pomar, como um beleguim. No instante mesmo em que o avistares, desembainha tua espada e, ao fazê-lo, grita-lhe pesados impropérios. Isso porque muitas vezes acontece que praguejar horrores num tom de arrogância, a voz seca e cortante, dá a um macho mais credibilidade que lhe pudesse angariar qualquer julgamento de sua bravura. Agora vai; embora daqui.

Sir Andrew – Sim, deixem-me sozinho para praguejar.

[Sai.]

Sir Toby – Pois agora não desejo entregar esta carta, pois o comportamento desse jovem cavalheiro demonstra que ele é sujeito inteligente, sensível e de boa estirpe. Estar ele incumbido dessa diligência para com seu amo e minha sobrinha é prova disso.

Daí que esta carta, por ser de máxima ignorância, não irá inspirar terror nesse jovem. Ele vai pensar que foi escrita por um cabeça-dura. Mas vou, sim senhor, entregar este desafio a ele, e vai ser de boca. Descrevo Aguecheek por meio de um notável relato de bravura, e vou conduzindo o cavalheiro (e eu sei que sua juventude vai aceitar isto num instante) até ele formar uma opinião abominável de Sir Andrew como um homem irado, altamente capaz, furibundo e impulsivo. Isso vai amedrontá-los, os dois, a ponto de se matarem um ao outro só pelo olhar, como dois basiliscos.

Entram Olívia e Viola.

FABIANO – Aí vem ele, com sua sobrinha. Deixe os dois à vontade, até que ele se despeça, e então vá atrás dele.

SIR TOBY – Enquanto isso eu fico aqui, meditando sobre alguma mensagem horripilante o suficiente para um desafio.

[Saem Sir Toby, Fabiano e Maria.]

OLÍVIA – Falei demais a um coração de pedra, e despi-me de minha honradez. Algo dentro de mim censura-me por meu erro; mas é erro de tal força e teimosia que simplesmente zomba dessa censura.

VIOLA – Com a mesma atitude de sua paixão estão as dores de meu amo.

OLÍVIA – Tome aqui, use esta joia, é um favor que lhe peço. Meu retrato. Não recuse; essa é uma boca que não fala, e não irá aborrecê-lo. Eu lhe suplico: volte amanhã. Minha honradez estando a salvo, não tenho como negar nada que você queira me pedir.

Viola – Nada, exceto um amor de verdade por meu amo.

Olívia – Como posso honradamente dar a ele o que já dei a você?

Viola – Eu a desobrigo desse compromisso.

Olívia – Bem, volte amanhã. Passe bem. Um demônio como tu poderia carregar minha alma para o inferno.

[Sai.]

Entram Sir Toby e Fabiano.

Sir Toby – Cavalheiro, que Deus te abençoe.

Viola – E ao senhor também.

Sir Toby – Todas as defesas de que tu dispões, vale-te delas. De que natureza são as ofensas com que o atacaste, eu não sei. Mas teu interceptor, cheio de despeito, sanguinário como o caçador, espera por ti do outro lado do pomar. Desembainha tua lâmina e apressa-te nos preparativos, porque teu agressor é rápido, habilidoso e mortal.

Viola – O senhor está enganado. Tenho certeza de que homem algum tem qualquer rixa comigo. Minha memória está totalmente livre e limpa de qualquer imagem de ofensa contra quem quer que seja.

Sir Toby – Você vai concluir pelo contrário, isso eu lhe asseguro. Portanto, se você dá algum valor a sua vida, arregimente suas forças e ponha-se na defensiva, pois o seu oponente tem tudo o que a ele providenciam a juventude, o vigor, a habilidade e a ira.

Viola – Eu lhe pergunto, sir, por favor: quem é ele?

Sir Toby – Ele foi armado cavaleiro na corte, seu espadim não esteve em campo de batalha, mas ele é o diabo em rixas particulares. Três almas ele já divorciou de três corpos, e neste momento o homem está incensado de maneira tão implacável que ele só se dará por satisfeito com as cruciantes dores da morte e do sepulcro. Vencer ou perder, esse é o mote dele, e é toma lá, senão dá cá.

Viola – Eu vou voltar até a casa, e pedir alguma providência de parte de Lady Olívia. Não sou um lutador. Mas já ouvi falar de um tipo de homem que puxa briga de propósito, só para pôr à prova o valor dos outros. Quem sabe não é esse o cacoete dele?

Sir Toby – Não, senhor. Nele, a indignação deriva-se de uma injúria bastante pertinente. Por isso, vá andando, e dê a ele o que ele deseja. O senhor não deve voltar até a casa, a menos que queira duelar comigo, coisa que com a mesma segurança você pode responder a ele. Portanto, vá ou apresente nua a sua espada. O senhor tem de se haver conosco, isso é certo. Do contrário, pode parar de usar espadas.

Viola – Isso tudo é estranho, e nada civilizado. Eu lhe peço, faça-me esse favor, essa gentileza, e informe-se com o cavaleiro de que modo eu o ofendi. Só pode ter sido negligência minha, jamais uma coisa proposital.

Sir Toby – Farei isso. *Signior* Fabiano, fique aqui com este cavalheiro até que eu tenha voltado.

[Sai Sir Toby.]

Viola – Eu lhe suplico, sir, o senhor está sabendo dessa questão?

Fabiano – Sei que o cavaleiro está incensado contra você, e mesmo disposto a um arbitramento por morte, mas não sei de outras circunstâncias que não essa.

Viola – Eu lhe suplico: que tipo de homem é ele?

Fabiano – Não é nada dessa maravilha prometida que se deixa adivinhar pela aparência, mas você irá descobrir essa promessa ao testar-lhe a coragem. Ele é, sem dúvida, sir, o oponente mais habilidoso, sanguinário e fatal que você poderia encontrar em qualquer parte de Ilíria. Se é de seu desejo agora ir até ele, se eu conseguir, farei as pazes entre vocês.

Viola – Por esse obséquio serei sempre seu devedor. Sou do tipo que prefere acompanhar um clérigo formado, e não um cavaleiro armado. E não me importo que fiquem sabendo desse detalhe de minha índole.

[Saem.]

Entram Sir Toby e Sir Andrew.

Sir Toby – Ora, homem, ele é o demônio em pessoa. Nunca vi fanchona igual. Ensaiei uns golpes com ele, florete, bainha e tudo, e ele me dá uma estocada que me pega num movimento mortal, inevitável. No revide, ele vai lhe atingir tão certo como os seus pés atingem o chão em que você pisa. Dizem que ele foi espadachim do Sufi, o que foi Xá da Pérsia.

Sir Andrew – Pois que arranje uma sífilis para ter com o que se ocupar. Eu é que não me meto com ele.

Sir Toby – Certo, mas agora é que ele não vai se acalmar. O Fabiano mal está conseguindo contê-lo ali do outro lado.

Sir Andrew – A peste negra que o carregue! Soubesse eu que ele era valente, e ainda ardiloso na esgrima, tratava de lhe rogar uma praga em vez de chamá-lo para um duelo. Vamos deixar que ele deixe tudo por isso mesmo, e eu dou de presente para ele meu cavalo pardo, o Capilete.

Sir Toby – Vou até lá propor a troca. Fique aqui, e faça pose de valente. Isso ainda vai terminar sem que se perca nenhuma alma. *[À parte:]* Deveras! E vou montar o seu cavalo com tanta maestria como já monto em você.

Entram Fabiano e Viola.

[Dirigindo-se a Fabiano:] Tenho o cavalo dele, uma oferta em troca de poder voltar atrás em suas palavras ofensivas. Eu o convenci de que o rapaz é um demônio.

Fabiano – E esse aqui também fez um juízo aterrador daquele lá, e agora está respirando com dificuldade, e ficou pálido, como se tivesse um urso no seu encalço.

Sir Toby – *[Dirigindo-se a Viola:]* Não tem jeito, sir; ele insiste em duelar, que é para honrar o próprio desafio. Mas, ora, ele achou melhor refletir sobre as razões que o levaram a sentir-se ultrajado e neste momento ele as considera escassas, tanto que nem vale a pena comentá-las. Assim é que você deve desembainhar a espada em sinal de apoio ao desafio dele; e ele sustenta que não irá machucá-lo.

Viola – *[À parte:]* Rogo a Deus que me defenda! Um pouco mais e eu lhes diria o quanto me falta para ser um homem.

Fabiano – *[Dirigindo-se a Sir Andrew:]* Se o senhor vê que ele está enfurecido, trate de recuar.

Sir Toby – Ora vamos, Sir Andrew, não tem jeito. O cavalheiro insiste em lutar por sua honra; e ele não pode, pelas regras de conduta em duelos, deixar de enfrentá-lo em pelo menos um assalto. Mas ele me prometeu, cavalheiro que é, e ainda por cima um soldado, que não irá machucá-lo. Vamos lá, à luta.

Sir Andrew – Rogo a Deus que ele mantenha sua promessa!

Entra Antônio.

Viola – Eu lhes asseguro: faço isto contra a minha vontade.

[Sir Andrew e Viola empunham suas espadas.]

Antônio – *[Empunhando sua espada:]* Guarde a sua espada! Se este jovem cavalheiro ofendeu-lhe, eu assumo toda a culpa. E se o senhor ofendeu a ele, eu em nome dele o desafio.

Sir Toby – O senhor, sir? Ora, mas e quem é o senhor?

Antônio – Aquele, sir, que por amor a este jovem ousa fazer ainda mais do que o senhor ouviu ele vangloriar-se que faria.

Sir Toby – Se o senhor gosta mesmo de um desafio e desafia um no lugar do outro, sou eu quem o senhor está procurando.

[Empunha sua espada.]

Fabiano – Meu bom Sir Toby, alto lá, que aí vêm chegando os guardas.

Sir Toby – *[Dirigindo-se a Antônio:]* Atendo o senhor num instantinho.

Viola – *[Dirigindo-se a Sir Andrew:]* Rogo-lhe, sir, guarde a sua espada, se me faz o favor.

Sir Andrew – Pois, sim, eu lhe faço o favor. E quanto ao que eu lhe prometi, mantenho minha palavra. Ele vai carregá-lo com facilidade, e é bom de rédeas.

Primeiro Oficial – Este é o homem; cumpra com o seu dever.

Segundo Oficial – Antônio, tu estás preso, a pedido do Conde Orsino.

Antônio – O senhor está me confundindo com outra pessoa, sir.

Primeiro Oficial – Não senhor, e não estou mesmo. Eu lhe conheço a cara muito bem, apesar de que agora você não está usando o seu chapéu de marinheiro. Leve-o embora daqui, que ele sabe que eu o conheço bem.

Antônio – Preciso obedecer. *[Dirigindo-se a Viola:]* Isso tudo é resultado de eu ter vindo procurá-lo. Mas, não tem jeito, e eu devo responder por meus atos. O que o senhor vai fazer, agora que me vejo necessitado e devo pedir-lhe de volta a minha bolsa? O que porventura venha a acontecer comigo não me dói tanto quanto saber que fico sem poder fazer nada pelo senhor. O seu olhar é perplexo, mas por favor tranquilize-se.

Segundo Oficial – Vamos, sir, andando.

Antônio – Preciso requisitar-lhe uma parte daquele dinheiro.

Viola – Que dinheiro, sir? Pela máxima gentileza que o senhor recém demonstrou para comigo, e em parte motivado por sua atual dificuldade, de meus magros e poucos recursos eu vou lhe emprestar uma quantia. Minhas posses não são muitas, mas reparto o que tenho consigo. Tome, pegue aqui metade do que há em meus cofres.

[Oferece dinheiro a Antônio.]

Antônio – Vai me estranhar agora? Será possível que toda minha dedicação ao senhor não lhe tenha comovido nem um pouco? Não me provoque em meu sofrimento, senão sou capaz de me transformar em criatura torpe, a ponto de censurá-lo com a lembrança de todas as bondades que lhe fiz.

Viola – Não sei de bondade nenhuma, nem mesmo o conheço, nem pela voz nem pelo rosto. Tenho horror à ingratidão num homem, para mim coisa pior que a mentira, que a vaidade, que emborrachar-se e sair falando besteira, ou qualquer outro traço de vício que venha, forte, corrupto, alojar-se em nosso sangue fraco.

Antônio – Ah, pelos céus!

Segundo Oficial – Vamos, senhor, eu lhe peço: andando.

Antônio – Antes, preciso falar. Este jovem que vocês veem aqui, eu o arranquei de dentro da garganta da morte, estando ele mais morto que vivo. Eu o ressuscitei com imensa devoção amorosa, e dediquei-me a sua imagem (que a meus olhos prometia ser de venerável valor).

Primeiro Oficial – E o que temos nós a ver com isso? O tempo urge. Embora daqui!

Antônio – E tudo para descobrir-se no fim que esse deus não passa de um ídolo vil! Tu envergonhas, Sebastião, os teus traços bonitos. Na natureza não há imperfeições, a não ser na mente. Só se pode chamar de deformado quem é cruel. Beleza é a virtude, e o mal-embelezado não passa de baús vazios que o diabo ornamenta em excesso.

Primeiro Oficial – O homem ficou louco, levem-no daqui. Vamos, sir, vamos.

Antônio – Podem me levar.

[Sai, com os Oficiais de Justiça.]

Viola – A mim me parece que as palavras nele brotam de tal paixão que ele realmente acredita nelas. Já eu não consigo. Revele-se verdadeira, imaginação, por favor, revele-se verdadeira: meu irmão querido e eu fomos confundidos!

Sir Toby – Venha cá, cavaleiro; venha cá, Fabiano. A nós, resta-nos sussurrar algum dito cheio de sabedoria.

Viola – Ele pronunciou o nome de Sebastião. Posso reconhecer meu irmão, que ainda vive neste espelho que sou eu. Tal e qual em aparência era ele, e andava deste mesmo modo, com o mesmo tipo de trajos, pois eu o estou imitando. Ah, se for verdade, as tempestades são gentis e as ondas do mar são amorosas!

[Sai.]

Sir Toby – Um rapaz bem mesquinho, e desonesto; mais covarde que ladino. A desonestidade apareceu aqui, ele deixando o amigo em precisão e fingindo que não o conhece. Quanto à covardia, é só perguntar ao Fabiano.

Fabiano – Um covarde de grande devoção, que cultiva religiosamente a covardia.

Sir Andrew – Por Deus! Vou atrás dele, e lhe dou uma surra.

Sir Toby – Faça isso, dê-lhe uns bons sopapos, mas não tome da espada.

Sir Andrew – Se eu não fizer…

[Sai.]

Fabiano – Venha, vamos assistir ao evento.

Sir Toby – Aposto qualquer coisa que isso vai dar em coisa nenhuma.

[Saem.]

QUARTO ATO

Cena I

Na rua.

Entram Sebastião e Feste.

FESTE – O senhor vai querer me convencer de que não me mandaram aqui para buscá-lo?

SEBASTIÃO – Embora, xô! És um sujeito bobo, deixa-me em paz, sai da minha frente!

FESTE – O senhor está resistindo bem, lá isso é verdade. Não, eu não o conheço, também não fui enviado por minha patroa para pedir-lhe que vá visitá-la; e o seu nome claro que não é Mestre Cesário. E este não é o meu nariz. Nada do que é é, e tudo que é não é.

SEBASTIÃO – Eu estou te pedindo: vai dar asas à tua sandice em outro lugar. Tu não me conheces.

FESTE – Dar asas à minha sandice! Ele ouviu essa palavra da boca de um grande homem, e agora quer aplicá-la a um bobo. Dar asas à minha sandice! Meu receio é que esse enorme mangolão, o mundo, não passe de um maricas e molengão. Eu te suplico agora, afrouxa esse teu estranhamento e me diz a que frases devo dar asas para comunicar à minha patroa. Devo dar asas a uma frase do tipo que comunica que tu já estás indo?

Sebastião – Palhaço. Eu estou pedindo, vai-te embora. Aqui, algum dinheiro que tu podes levar. Se te demoras a ir, teu pagamento fica pior.

Feste – Estou vendo que tens a mão aberta. Esses homens sábios que dão dinheiro aos tolos ganham para si boa reputação; pelo preço de doze anos de aluguel, ficam donos da terra.

Entram Sir Andrew, Sir Toby e Fabiano.

Sir Andrew – Ora, sir, não é que eu o encontro de novo? Pois toma esta!

[Bate em Sebastião.]

Sebastião – Mas toma aqui, e aqui, e aqui!

[Bate em Sir Andrew.]

Estão todos loucos?

Sir Toby – Pare, sir, ou jogo sua adaga em cima do telhado.

Feste – Vou relatar isto a minha patroa agora mesmo, e eu é que não ia querer estar na pele de vocês. Mesmo porque os casacos dos senhores são coisa barata.

[Sai.]

Sir Toby – Vamos lá, sir, pare!

Sir Andrew – Não, deixe-o em paz, que eu vou dar um outro jeito de me haver com ele. Vou processá-lo por espancamento, se é que existem leis em Ilíria. Eu atingi ele primeiro, mas isso não vem ao caso.

Sebastião – Tira tua mão de cima de mim!

Sir Toby – Ora, sir, eu é que não vou deixá-lo escapar. Vamos, meu jovem soldado, guarde a sua lâmina; já vimos que sabe usá-la. Vamos lá!

Sebastião – Meu desejo é livrar-me de ti. O que queres tu agora? Se te atreves a continuar me provocando, desembainha tua espada.

[Desembainha a espada.]

Sir Toby – Ora, ora! Pois sim, então agora preciso arrancar de teu corpo um bom peso em sangue.

[Desembainha a espada.]

Entra Olívia.

Olívia – Para, Toby! Por tua própria vida, eu te ordeno: para!

Sir Toby – Madame!

Olívia – Vai ser sempre assim? Seu miserável, seu ingrato, teu lugar é nas montanhas e nas cavernas dos bárbaros, onde jamais ninguém lá esteve para ensinar boas maneiras. Não quero te enxergar na minha frente! Não fiques ofendido, meu caro Cesário. Embora daqui, seu grosseirão!

[Saem Sir Toby, Sir Andrew e Fabiano.]

Eu te peço, meu nobre amigo, deixa que tua bela sabedoria, e não tua indignação, prevaleça nesse caso de execução bárbara e injusta contra o teu sossego. Vem comigo para minha casa, e lá tu vais ficar sabendo das tantas e tantas arapucas infrutíferas que esse rufião já aprontou e teve de remendar. Quem sabe não vais poder até mesmo achar graça nisto que te aconteceu. Não tens escolha: deves vir comigo. Não te negues. Amaldiçoa, por mim, a alma dele. Ele assustou o meu coração, este pobre coração meu que bate no teu peito.

SEBASTIÃO – Que gosto é este que sinto na boca? Para que lado correm os rios, se não para o mar? Ou estou louco, ou estou sonhando. Que a fantasia deixe dormentes os meus sentidos, mergulhados fundo nas águas do esquecimento. Se isto é sonhar, deixem-me dormir para todo o sempre!

OLÍVIA – Nada disso. Vamos, eu te peço. Seria de teu desejo fazer o que eu desejo que tu faças?

SEBASTIÃO – Madame, não desejo outra coisa.

OLÍVIA – Ah, se tu assim o dizes, assim será.

[Saem.]

Cena II

Na casa de Olívia.

Entram Maria e Feste.

MARIA – Não, eu te peço: enfia este hábito*, e coloca esta barba. Faz ele acreditar que tu és Mestre

* Um hábito preto, de clérigo puritano.

Topázio*, o cura. Rápido. Enquanto isso, vou chamar Sir Toby.

[Sai.]

Feste – Bem, me visto com o hábito e dentro dele me disfarço. Muito me agradaria pensar que sou o primeiro a dissimular-se em trajo igual a este. Não sou alto o suficiente para exercer a função a contento, e não sou magro o suficiente para me tomarem por um estudante aplicado. Mas se dizem que sou um homem honesto e bom anfitrião, isso vale tanto quanto dizer que sou trabalhador e um grande acadêmico. Eis que chegam os competidores.

Entra Sir Toby (e Maria).

Sir Toby – Que Júpiter te abençoe, senhor vigário.

Feste – *Bonos dies*, Sir Toby, pois, como o velho eremita de Praga, que jamais viu tinta e pena, muito sabiamente disse à sobrinha do Rei Gorboduce: "O que é é". Assim é que eu, sendo o senhor vigário, sou o senhor vigário. Pois o que é "o que" senão "o que", e o "é" outra coisa que não um "é"?

Sir Toby – A ele, Mestre Topázio.

Feste – Mas que olá, digo eu! Que a paz reine nesta prisão!

Sir Toby – O patife imita bem; é muito bom patife.

---

* O topázio era tido como pedra com poderes curativos para os males das pessoas "lunáticas".

[Malvólio, de dentro.]

MALVÓLIO – Quem chama?

FESTE – Mestre Topázio, o cura, chegando para visitar Malvólio, o lunático.

MALVÓLIO – Mestre, Mestre Topázio, meu bom Mestre Topázio, procure por minha patroa.

FESTE – Para fora, demônio hiperbólico! A que ponto perturbas tu esse homem! Não falas de outra coisa que não de mulheres?

SIR TOBY – Bem-pensado, senhor vigário.

MALVÓLIO – Mestre Topázio, nunca um homem foi tão ultrajado. Meu bom Mestre Topázio, não pense que estou louco. Eles me puseram aqui, nesta escuridão odiosa.

FESTE – Que vergonha tu, desonesto Satã! (Estou te chamando pelos nomes mais modestos, pois sou um desses cavalheiros que falam ao próprio diabo com cortesia.) Dizes que a casa é escura?

MALVÓLIO – Escura como o inferno, Mestre Topázio.

FESTE – Ora, mas ela tem janelões transparentes como barricadas, e os clerestórios que dão para o sul-norte são resplandecentes como ébano. Ainda assim te queixas de obstrução da luz?

MALVÓLIO – Não estou louco, Mestre Topázio. Estou lhe dizendo, esta casa é escura.

Feste – Homem doido, estás incorrendo em erro. Afirmo que não há escuridão, mas sim ignorância, na qual tu estás mais perdido que os egípcios em sua bíblica neblina.

Malvólio – Afirmo que esta casa é escura como a ignorância, embora a ignorância seja tão escura como o inferno. E afirmo que não há nem nunca houve homem mais ultrajado que eu. Sou tão louco quanto o senhor. Pode testar-me, fazendo-me perguntas que exigem raciocínio.

Feste – Qual a opinião de Pitágoras com relação a aves de caça?

Malvólio – Que a alma de nosso avô pode eventualmente habitar o corpo de um pássaro selvagem.

Feste – E o que pensas tu dessa opinião?

Malvólio – Tenho as almas em grande apreço, e de modo algum coaduno com a opinião de Pitágoras.

Feste – Passar bem. Permanece para sempre na escuridão. Vais corroborar a opinião de Pitágoras antes que eu passe certificado de teu juízo mental, e vais ter medo de matar uma galinhola que é para não desalojar a alma de tua avó. Passar bem.

Malvólio – Mestre Topázio, Mestre!

Sir Toby – Meu mais excelente cura, Mestre Topázio!

Feste – Sim, eu sei beber de todas as águas.

Maria – Tu poderias ter feito isso sem barba e sem hábito; ele não te enxerga.

Sir Toby – Conversa com ele, mas agora com a tua voz, e depois vem me contar o que achaste dele. Queria eu que já estivéssemos livres dessa brincadeira. Se ao menos pudéssemos soltá-lo sem maiores inconvenientes! Estou agora tão malvisto por minha sobrinha que não tenho como prosseguir em segurança com esta nossa diversão até a rodada final. Vem depois até os meus aposentos.

[Sai, com Maria.]

Feste – *[Cantando:] Ei, tu, Robin! Robin, meu amigo.*

Diz de tua dama, fala comigo.

Malvólio – Palhaço!

Feste – *Minha dama é cruel, cruel.*

Malvólio – Palhaço!

Feste – *Mas por que isso, Deus do céu?*

Malvólio – Palhaço, estou chamando!

Feste – *Ela ama outro...* Quem está me chamando?

Malvólio – Meu bom palhaço, se algum dia desejaste provar de minha gratidão, arranja-me vela, pena, tinta e papel. Cavalheiro que sou, viverei para ser-te eternamente grato por isso.

Feste – Mestre Malvólio?

Malvólio – Sim, meu bom palhaço.

Feste – Deveras, sir, como foi que perdeu o juízo?

Malvólio – Bobo, nunca houve homem tão notoriamente ultrajado. Estou em meu juízo perfeito, tanto quanto tu.

Feste – Tanto quanto eu? Mas então o senhor está louco varrido, se o senhor não tem mais juízo que um bobo.

Malvólio – Eles me tratam como uma coisa e se acham donos de mim. Estão me mantendo no escuro, mandam religiosos me visitar (aqui entre nós, uns burros) e fazem tudo o que podem para me tirar do meu juízo.

Feste – Cuidado com o que fala: o religioso está aqui. *[Como Mestre Topázio:]* Malvólio, Malvólio, teu juízo os céus agora te restituem. Concentra-te em dormir, e esquece esse teu blablablá inútil.

Malvólio – Mestre Topázio!

Feste – *[Como Mestre Topázio:]* Não troque palavras com ele, meu bom camarada! *[Como Feste:]* Quem, eu, sir? Eu não, senhor. Que Deus o acompanhe, bom Mestre Topázio! *[Como Mestre Topázio:]* Deveras, amém! *[Como Feste:]* Sim, senhor, sim, está certo.

Malvólio – Palhaço, palhaço, estou chamando!

Feste – Deveras, sir, tenha paciência. O que está dizendo, senhor? Serei repreendido por falar consigo.

Malvólio – Meu bom palhaço, arranja-me alguma luz e papel. Eu te asseguro que estou em meu perfeito juízo, tanto quanto qualquer outro homem em Ilíria.

Feste – Quisera Deus que estivesse, sir!

Malvólio – Por esta minha mão, é verdade! Meu bom palhaço, um pouco de tinta, papel e luz, e tu levas o que vou escrever até minha patroa. Isso vai te ser vantajoso; mais recompensado serás que qualquer mensageiro.

Feste – Vou ajudá-lo com isso. Mas, diga-me a verdade: o senhor não está louqueando, não? Ou está apenas fingindo?

Malvólio – Acredita-me: estou são da cabeça, e essa é a verdade.

Feste – Não, eu nunca vou acreditar num louco até que possa enxergar-lhe a massa cinzenta. Vou buscar-lhe luz, e papel, e tinta.

Malvólio – Bobo, eu saberei recompensar-te em alto estilo. Agora peço-te: vai.

Feste – *[Cantando:]* Já estou indo, e também já /volto

Que é pra ter consigo logo, logo.
Ao Velho Vício, eu vou num salto;
Estando lá, de seu pedido eu trato.
Ele, adaga de ripa e grande ira,
Feito rapaz doido, ao Diabo grita:

"Apare as unhas, Pai.
Adieu, Monsieur Satã!"

[Sai.]

Cena III

Nos jardins de Olívia.

Entra Sebastião.

Sebastião – Aqui, o ar; lá, o sol, glorioso. Esta pérola ela me deu, pérola que eu sinto e enxergo e, embora seja deslumbramento o que assim me envolve e aconchega, também não é loucura. Mas, então, onde está Antônio? Não o encontrei no Elefante, mas ele esteve lá, pois lá me disseram que ele percorreu a cidade procurando por mim. O conselho dele agora bem me pode valer ouro. Embora minha alma questione isto tudo, de comum acordo com o meu bom-senso, como um provável equívoco, mas não loucura, ainda assim este incidente e esta maré de boa sorte excedem em tão grande medida toda e qualquer instância precedente, toda e qualquer argumentação razoável, que estou pronto a não acreditar no que veem os meus olhos, e pronto a duvidar da razão que me vem persuadir de que não há outra conclusão: ou estou eu louco, ou a dama é que é louca. Mas, se assim fosse, ela não estaria comandando a casa, dando ordens aos criados, conduzindo os negócios de maneira tão estável, discreta, serena como estou percebendo que ela o faz. Tem alguma coisa nisso tudo que é enganadora. Mas, eis que vem chegando a dama.

Entram Olívia e o Padre.

Olívia – Por favor, não censure minha pressa. Se são boas as suas intenções, acompanhe-me, a mim e a esse santo homem, até a capela aqui perto. Lá, diante dele, e sob teto sagrado, empenhe a sua palavra, prometa-me sua total fidelidade, para que minha alma, tão ciumenta e tão insegura, possa viver em paz. Ele saberá manter isso em segredo, até que você esteja disposto a anunciar o fato, quando então poderemos celebrar nossas núpcias mais de acordo com minha estirpe. O que me diz?

Sebastião – Acompanho de bom grado esse bom homem, e vou consigo, e, após jurar-lhe fidelidade, eu lhe serei para sempre fiel.

Olívia – Então mostre-nos o caminho, meu bom padre, e que os céus resplandeçam com bons auspícios sobre este meu ato!

[Saem.]

QUINTO ATO

Cena I

Em uma rua diante da casa de Olívia.

Entram Feste e Fabiano.

FABIANO – Agora, já que me tens amor, deixa-me ver a carta dele.

FESTE – Meu bom Mestre Fabiano, atenda-me por favor em ainda um outro pedido meu.

FABIANO – O que quiseres.

FESTE – Não queira ver esta carta.

FABIANO – Isso é o mesmo que dar um cachorrinho a quem o pediu e, como pedido de retribuição ao ato caridoso, pedir o cãozinho de volta.

Entram o Duque, Viola, Cúrio e Lordes.

DUQUE – Vocês são de Lady Olívia, amigos?

FESTE – Sim, senhor, somos dois de seus arreios.

DUQUE – Eu te conheço bem. Como tens passado, meu bom homem?

FESTE – Para falar a verdade, senhor, tenho vivido melhor com os inimigos e pior com os amigos.

DUQUE – Mas é justamente o contrário: com os amigos é que tens de viver melhor.

Feste – Não, sir. Pior.

Duque – Como é que pode ser isso?

Feste – Deveras, senhor, eles me elogiam; e me fazem de burro. Já meus inimigos dizem na minha cara que sou um burro. Assim é que, por causa de meus inimigos, sir, eu lucro em conhecer a mim mesmo, enquanto que por meus amigos sou enganado. Assim é que, conclusões sendo como beijos, se as suas quatro negativas formam duas afirmativas, ora, então vivo pior com os amigos e melhor com os inimigos.

Duque – Ora, essa é ótima.

Feste – Dou-lhe minha palavra, senhor: nem tanto. Imagino que seja do seu agrado ser um de meus amigos.

Duque – Tu não viverás pior comigo. Aí tens: uma moeda de ouro para ti.

Feste – Se isso não é fazer jogo duplo, sir, eu lhe peço que o senhor considere duplicar este pagamento.

Duque – Ah, tu me dás maus conselhos.

Feste – Se Sua Graça ia deixar uma dádiva esquecida no bolso, então deixe que desta vez sigam os meus conselhos a sua carne e o seu sangue.

Duque – Bem, não estarei sendo mais pecador por fazer jogo duplo: aí tens, mais uma vez.

Feste – *Primo, secundo, tertio* é jogo bom de se jogar, e o velho ditado diz que é na terceira tentativa que se tem sorte. O compasso ternário, sir, é bom acompanhamento para o pecador. Ou então os sinos de São Benedito, sir, podem ajudá-lo a lembrar: um, dois, três.

Duque – Você não vai arrancar mais dinheiro de mim com essa única jogada. Agora, se você avisar à sua patroa que estou aqui para conversar com ela, e mais: se você a trouxer até aqui, isso pode despertar em mim uma maior generosidade.

Feste – Deveras, senhor, desejo um bom descanso à sua generosidade até a minha volta. Estou indo, sir, mas não gostaria que o senhor pensasse que o meu desejo de ter mais é fruto do pecado da avareza. Mas, como o senhor mesmo disse, deixemos que sua generosidade tire um cochilo; logo, logo estarei aqui para despertá-la.

[Sai.]

Entram Antônio e Oficiais de Justiça.

Viola – Aí vem ele, sir, o homem que me salvou.

Duque – Da cara dele eu lembro bem. Mas, da última vez que vi esse rosto, ele estava sujo de fuligem de guerra, negro como o deus Vulcano. Era o capitão de um naviozinho de nada, uma coisa de mísero calado, porão insignificante. Com sua garateia de abordagem ele fez estrago monumental na mais nobre quilha de nossa esquadra, tanto que a nós, perdedores e invejosos, não restou outra coisa a fazer senão coroá-lo com fama e honra. Qual é o problema?

Primeiro Oficial – Orsino, este é aquele Antônio que levou da Ilha de Creta o Fênix e sua carga, e este é o mesmo que abordou o Tigre, quando então o seu jovem sobrinho Tito perdeu uma perna. Nós o pegamos aqui em Ilíria, numa briga de rua, em estado desesperador e desprovido de qualquer senso de vergonha.

Viola – Ele me foi de muita bondade, senhor, e mesmo sacou da espada em minha defesa, mas no fim me veio com uma conversa estranha da qual não entendi nada e mais parecia um delírio.

Duque – Meu notório pirata, ladrão de águas salgadas, que destemor ensandecido é esse que te leva a cair nas mãos daqueles que tu mesmo, de modo tão sangrento e atroz, transformou em inimigos?

Antônio – Orsino, milorde, com sua licença eu repudio os títulos com os quais o senhor me brindou: Antônio jamais foi ladrão, nem pirata, embora eu me confesse, com base em sólidas razões, inimigo de Orsino. Trouxe-me até aqui um feitiço: esse rapaz aí do seu lado, pessoa da maior ingratidão, eu o resgatei de dentro da boca espumante e raivosa do mar enfurecido. Perdido para este mundo, era uma coisa para além de qualquer esperança. Devolvi a ele a própria vida e, além disso, dei-lhe o meu amor, sem limites, sem restrições, um amor todo dele, da mais pura devoção. Por causa dele eu me expus aos riscos desta cidade que me é hostil. Empunhei minha espada para defendê-lo quando o vi cercado. Quando me prenderam (e não querendo dividir comigo os riscos da situação), sua natureza falsa e dissimulada ensinou-lhe a encarar-me e desconhecer meu rosto. A quem o visse, parecia que não me enxergava há mais de vinte anos, e nem piscou; negou-me a minha própria bolsa de dinheiro, a mesma que eu lhe entregara com recomendações não fazia nem meia hora.

VIOLA – Como pode ser?

DUQUE – Quando chegou ele a esta cidade?

ANTÔNIO – Hoje, milorde. E por três meses antes disso, sem folga, sem um minuto sequer de descanso, dia e noite, andávamos juntos.

Entram Olívia e Serviçais.

DUQUE – Aí vem a Condessa. Agora temos o Paraíso caminhando sobre a Terra. Quanto a ti, meu camarada... homem, tuas palavras são loucura. Faz três meses que este jovem está aos meus serviços. Mas conversaremos mais sobre isso depois. Afastem-no da minha frente.

OLÍVIA – O que deseja, milorde, fora aquilo que o senhor não pode ter, mas sim coisa em que Olívia possa parecer-lhe de serventia? Cesário, você não está cumprindo com sua promessa para comigo.

VIOLA – Madame...

DUQUE – Minha graciosa Olívia...

[Os dois falando ao mesmo tempo.]

Olívia – O que você tem a me dizer, Cesário? Milorde, meu bom senhor...

Viola – Meu amo deseja falar-lhe, e meu dever exige que eu me cale.

Olívia – Se isso for algo daquela velha ladainha, milorde, soará indecente e inconveniente aos meus ouvidos, como o uivo de um cão depois de boa música.

Duque – Ainda e sempre cruel?

Olívia – Ainda e sempre constante, milorde.

Duque – Constante para com sua perversidade? Dama de práticas bárbaras, em cujos altares ingratos e inauspiciosos minha alma pronunciou suas oferendas de maior fé, nunca antes apresentadas para devoção. O que devo fazer?

Olívia – Tudo o que for de seu agrado, milorde, e que se adapte à sua pessoa.

Duque – E não poderia eu, tivesse coração para fazê-lo, como o ladrão egípcio na hora de morrer, matar o objeto de meu amor? Um ciúme selvagem às vezes é gesto com sabor de nobreza. Mas, escuta o que digo: já que lhe é indiferente a minha lealdade, e por eu conhecer em parte o instrumento que me arranca de meu legítimo posto em sua estima, desejo tê-la viva, a tirana de coração de mármore. Mas esse seu queridinho, a quem você ama, pelo que fiquei sabendo, e a quem eu trato com todo o apreço, e isso eu juro pelos céus, ele sim, vou arrancá-lo do frente de seus olhos cruéis, do trono onde ele foi colocado para tormento de seu amo. Vamos, rapaz, vem comigo. Minhas ideias vão amadurecendo em maldade. Sacrificarei o cordeiro por quem tenho amor para vingar-me do coração de corvo que reside nessa pomba.

Viola – E eu, com alegria, prestimoso e de boa vontade, se é para confortá-lo, senhor, morro mil vezes.

Olívia – Aonde vai Cesário?

Viola – Vou com ele, a quem amo mais que a estes meus olhos, mais que minha própria vida e, mal comparando, mais até do que jamais poderei amar a uma esposa. Se falo inverdades, os céus são testemunha e hão de me punir com a morte, por haver brincado com o amor.

Olívia – Ai, que sou detestada! Como me enganaram!

Viola – Quem a enganou? Quem a está maltratando?

Olívia – Já te esqueceste? Faz tanto tempo assim? Vá chamar o santo padre.

[Sai um Serviçal.]

Duque – Vem, vamos embora!

Olívia – Para onde, milorde? Cesário, meu esposo, fica!

Duque – Esposo?

Olívia – Sim, esposo. Será que ele pode negar?

Duque – Marido dela, seu canalha?

Viola – Não, milorde, eu não.

Olívia – Ai de mim, que a baixeza desse teu medo obriga-te a sufocar tua real identidade. Não receies, Cesário! Toma posse da fortuna que te pertence, sê quem tu sabes que tu és, e assim é que tu serás grande, tão grande como aquele a quem tu receias.

Entra o Padre.

Ah, Padre, sede bem-vindo! Meu bom Padre, eu vos encarrego, pessoa de reverência que sois, de revelar, aqui e agora (apesar de que tivéssemos pretendido manter no escuro a cerimônia que agora temos de trazer à luz antes de haver atingido a maturidade), o que é de vosso conhecimento, ou seja: o que se passou recentemente entre mim e esse jovem?

Padre – Um contrato de compromisso eterno de amor, confirmado pelo mútuo enlace de suas mãos, atestado pela sagrada união de seus lábios e reforçado pela troca de alianças. Esse acordo foi selado em cerimônia que foi por mim confirmada, de acordo com os poderes em mim investidos, dada a minha função sacerdotal. De lá para cá, meu relógio me diz que estou apenas duas horas mais próximo de meu túmulo.

Duque – Ah, cobra fingida! Em que estarás transformado quando o tempo houver tingido de grisalho a tua cabeça? Ou então a tua astúcia vai se desenvolver tão rápido que um dia a tua própria rasteira acaba causando tua queda. Passar bem, e fica com ela, mas dirige teus passos para onde tu e eu daqui em diante nunca mais nos encontremos.

Viola – Milorde, eu juro...

Olívia – Ah, não jures em falso! Agarra-te a um pouco de fé que seja, embora tenhas medo demais.

Entra Sir Andrew.

Sir Andrew – Pelo amor de Deus, um médico! Um médico para Sir Toby, rápido!

Olívia – O que houve?

Sir Andrew – Rachou a minha cabeça, e ainda por cima deu-lhe um tremendo golpe no cocuruto de Sir Toby também. Pelo amor de Deus, ajudem! Mais do que ter quarenta xelins agora, eu queria era estar em casa.

Olívia – Quem fez isso, Sir Andrew?

Sir Andrew – O cavalheiro do Conde, o tal de Cesário. Achamos que fosse um acovardado, mas é o próprio diabo encardinado.

Duque – O meu cavalheiro, Cesário?

Sir Andrew – Minha nossa senhora, e não é que ele está aqui! Você quebrou minha cabeça por nada;

e o que eu fiz, fiz só porque Sir Toby me atiçou a fazer aquilo.

Viola – Por que o senhor fica falando comigo? Eu nunca o machuquei. O senhor empunhou sua espada contra mim sem motivo algum, mas eu me dirigi ao senhor com justeza, e não o machuquei.

Entram Sir Toby e Feste.

Sir Andrew – Se um tremendo golpe no cocuruto é machucar, então você me machucou. Mas parece que não entra nas suas contas um tremendo golpe no cocuruto. Aí vem Sir Toby, mancando, e você vai ouvir muito mais. Se ele não tivesse bebido, teria lhe provocado com mais colhões, isso ele teria.

Duque – Mas o que é isso agora, cavalheiro? O que está se passando com você?

Sir Toby – É tudo uma coisa só: me bateu, e fim de história. Bobo bebum, tu viu o Doutor Paul, seu bebum bobo?

Feste – Ah, ele está mamado, o nosso Sir Toby, desde uma hora atrás. O olho dele se pôs às oito da manhã.

Sir Toby – Então ele é um maganão, um pavão que se pavoneia dançando a pavana. Eu odeio isso, um borracho maganão metido a pavão.

Olívia – Levem-no daqui! Quem causou esse estrago nos dois?

Sir Andrew – Eu lhe ajudo, Sir Toby, porque vão nos pôr curativos em nós dois.

Sir Toby – Você vai ajudar? Um burro, e um bobo, e um patife, um patife de cara fina, um otário?

Olívia – Que ele vá para a cama, e que alguém dê uma olhada em seu ferimento.

[Saem Feste, Fabiano, Sir Toby e Sir Andrew.]

Entra Sebastião.

Sebastião – Eu peço desculpas, madame, por ter machucado o seu parente. Mas, ainda que fosse ele meu irmão de sangue, eu não teria deixado por menos, que era caso de bom-senso e segurança. É um olhar estranho, esse com que você me olha. Posso ver que de algum modo eu a ofendi. Perdoe-me, minha querida, nem que seja pelos votos com que nos unimos há tão pouco tempo.

Duque – Um rosto, uma voz, um trajo, e duas pessoas! Como se fosse imagem natural duplicada, sendo que é e, ao mesmo tempo, não é!

Sebastião – Antônio! Ah, meu caro Antônio, não podes imaginar como as horas me torturaram, me supliciaram desde que me perdi de ti!

Antônio – Você é Sebastião?

Sebastião – Receias que não, Antônio?

Antônio – Como foi que o senhor operou essa divisão de si mesmo? Uma maçã partida ao meio não é mais gêmea que essas duas criaturas. Qual dos dois é Sebastião?

Olívia – Fantástico!

Sebastião – É eu, aqui na minha frente? Eu nunca tive um irmão. Também não pode ser que minha natureza tenha o divino atributo da onipresença. Tive uma irmã, isso sim, devorada que foi por ondas cegas e repuxos do mar. Por caridade, qual o seu parentesco comigo? É patrício meu? De qual sobrenome? De que pais você é filho?

Viola – Sou de Messalina. Sebastião era meu pai. E também Sebastião foi o filho homem de meu pai. Assim trajado ele se foi, para seu túmulo de águas. Se os espíritos podem assumir tanto a forma como a indumentária dos humanos, você está aqui para nos assustar.

Sebastião – Espírito com certeza eu sou, mas o sou naquela dimensão que se reveste de um corpo desde o ventre materno. Fosse você uma mulher, já que todo o resto está de acordo, eu derramaria minhas lágrimas sobre o seu rosto e diria: "Três vezes bem-vinda, minha afogada Viola".

Viola – Meu pai tinha um sinal, logo acima da sobrancelha.

Sebastião – O meu também.

Viola – E ele faleceu no mesmo dia em que Viola completava treze anos de vida.

Sebastião – Ah, essa lembrança está bem viva em minha alma! Realmente, ele concluiu sua história terrena no dia mesmo em que minha irmã fez treze anos.

Viola – Se nada mais impede nossa alegria, a não ser essa roupa masculina usurpada, não me abrace até que todas as circunstâncias de local, data e destino estejam coerentes e mostrem que sou Viola. E, para confirmar que sou Viola, apresentarei você a um capitão desta cidade, pois é com ele que está o meu vestido de luto; pois foi ele que gentilmente me salvou, para que assim pudesse eu servir a este nobre conde. Todas as ocorrências de meu destino desde então têm se dado entre essa dama e este lorde.

Sebastião – *[Dirigindo-se a Olívia:]* Então aconteceu, Lady Olívia, que você estava equivocada. Mas a Natureza neste caso jogou a seu favor. Você queria contratar matrimônio com uma donzela. E posso dizer, por minha vida, que você não foi enganada: está noiva de homem virgem.

Duque – Não se espante, ele é de sangue nobre legítimo. Se isso tudo é fato, como de fato parece que temos dois, espelhados um no outro, então eu tive parte nesse naufrágio feliz. *[Dirigindo-se a Viola:]* Meu rapaz, tu me disseste mais de mil vezes que jamais poderias amar uma mulher tanto quanto amas a mim.

Viola – E posso jurar-lhe a veracidade de todas as mais de mil vezes, e todas as juras eu guardo como verdadeiras na alma assim como o continente solar guarda o fogo que separa o dia da noite.

Duque – Dá-me tua mão, e deixa-me olhar-te em teu vestido de luto.

Viola – O capitão que me resgatou e me trouxe à praia está com as minhas roupas de mulher. Por conta de uma ação na justiça, ele agora está na cadeia, a pedido de Malvólio, o cavalheiro a serviço de Lady Olívia.

Olívia – Ele irá soltá-lo. Tragam Malvólio à minha presença. Mas, sim, ai, ai, ai! Estou lembrando agora: dizem que o pobre cavalheiro, coitado, está muito perturbado da cabeça.

Entram Feste, trazendo uma carta, e Fabiano.

Estive acometida de um frenesi daqueles que nos esvazia a cabeça para as questões à nossa volta, e obviamente esqueci-me disso. Como é que ele tem passado, seu pestinha?

Feste – Na verdade, madame, ele mantém Belzebu a distância, tanto quanto qualquer outro em sua condição poderia fazê-lo. Escreveu uma carta para a senhora. Eu devia tê-la entregado esta manhã, mas, como as epístolas de um louco não compõem o evangelho, pouco importa quando elas serão lidas.

Olívia – Abre-a, e lê.

Feste – Prestem atenção, e aprendam alguma coisa quando o bobo fala em nome do louco. *[Lê:] Por Deus, madame...*

Olívia – Mas o que é isso agora, estás louco?

Feste – Não, madame, estou apenas lendo loucuras. Se Vossa Senhoria quer que sejam lidas como devem ser lidas, deve permitir que eu use a dicção exata.

Olívia – Eu te peço, lê com a dicção de quem está em seu juízo perfeito.

Feste – Assim estou fazendo, minha senhora Dona Olívia. Mas ler como Malvólio em seu perfeito juízo é ler assim. Portanto, seja ponderada, minha princesa, e escute.

Olívia – *[Dirigindo-se a Fabiano:]* Leia você, rapazinho.

Fabiano – *[Lendo:] Por Deus, madame, a senhora me trata injustamente, e o mundo ficará sabendo disso. Apesar de a senhora me ter colocado no escuro, e ter posto a cuidar de mim o seu primo bêbado, ainda assim beneficio-me eu dos plenos poderes de minhas faculdades mentais, tanto quanto Vossa Senhoria. Tenho comigo a sua carta, aquela que me induziu a apresentar-me com a aparência que tenho agora, coisa que, estou certo, ou me fará muito bem, ou lhe trará grande vergonha. Pense de mim o que quiser. Deixo de lado por um momento o meu dever e as minhas obrigações, e falo de minha indignação.*

Seu, o insanamente tratado Malvólio.

Olívia – Foi isso que ele escreveu?

Feste – Sim, madame.

Duque – Não tem o sabor da carta de um louco.

Olívia – Veja com que ele seja libertado, Fabiano, e traga-o aqui.

[Sai Fabiano.]

Milorde, se lhe aprouver, considerando-se essas coisas todas em seus detalhes, o senhor pode aprovar-me no papel de cunhada, uma vez que já me aprovara como esposa, e podemos um dia coroar essa nossa aliança, se lhe aprouver, aqui em minha casa, e as despesas correm por minha conta.

Duque – Madame, sinto-me tremendamente inclinado a acolher sua oferta. *[Dirigindo-se a Viola:]* O seu amo não mais precisará de seus serviços. E, pelo trabalho prestado, tão contrário às aptidões de seu sexo, tão abaixo de sua criação nobre e delicada, e dado que você me chamou de mestre por tanto tempo, eis aqui a minha mão: a partir de agora, você é a dona de seu mestre, senhora de seu senhor.

Olívia – Uma irmã! Você é ela.

Entra [Fabiano com] Malvólio.

Duque – É esse o louco?

Olívia – Sim, milorde, o próprio. E então, Malvólio?

Malvólio – Madame, a senhora me tratou de maneira injusta. De maneira notoriamente injusta.

Olívia – Eu fiz isso, Malvólio? Não.

Malvólio – Sim, Lady Olívia. Eu lhe suplico: examine esta carta. A senhora não pode negar que é sua letra. Escreva de outro jeito, se puder, com outra caligrafia, ou com outro estilo, ou então diga que não é este o seu selo, e a carta não é composição sua. A senhora não tem como negar. Pois então confirme e tenha a decência de dizer-me por que me deu sinais tão claros de favorecimento, pediu-me que viesse sorrindo e de ligas transpassadas à sua presença, que usasse meias amarelas e tratasse com menosprezo Sir Toby e os criados da casa. Uma vez que eu agi assim, levado por obediente esperança, por que a senhora me fez padecer o encarceramento em uma casa escura, onde fui visitado por um padre, e fez de mim rematado tolo, o mais notório bobalhão e otário jamais visto na face da Terra? Diga-me: por quê?

Olívia – Deveras, Malvólio, este escrito não é meu, embora eu deva confessar que se parece muito esta letra com a minha. Mas, sem sombra de dúvida, é a caligrafia de Maria. Agora me vem à memória o seguinte: ela foi a primeira pessoa a me dizer que tu estavas louco. Depois, tu me apareces sorrindo sem parar, e vestido de uma forma que te foi sugerida na própria carta. Eu te peço, conforma-te. Essa brincadeira foi arquitetada com muita astúcia para seres tu a vítima. Mas, quando soubermos por que razão e por quais autores, tu serás o queixoso e o juiz de tua própria causa.

Fabiano – Minha boa senhora, ouça o que tenho a dizer e não permita que uma briga, nem mesmo uma discussão possa advir para macular as circunstâncias deste momento que eu pude presenciar, maravilhado. Na esperança de evitar tal coisa, venho de livre e espontânea vontade confessar: eu mesmo, e Toby, preparamos essa armadilha para Malvólio em função de ressentimentos nossos contra ele, por algumas atitudes suas, demasiado rígidas e ademais descorteses. Maria escreveu a carta, a pedido de Sir Toby; como recompensa, ele a desposou. Como tudo sucedeu-se então, com divertida malícia, é coisa para arrancar gargalhadas, e não vingança. É só comparar com imparcialidade os danos infligidos a ambos os lados.

Olívia – Deveras, meu pobre tolo, como eles te passaram a perna!

Feste – Ora, "Alguns nascem grandes, outros alcançam a grandeza, e outros ainda são atingidos por uma grandeza que lhes é jogada nos ombros". Eu desempenhei um papel, sir, nesse interlúdio; fui Mestre Topázio, e isso foi tudo, nada de maior. "Por Deus, palhaço, eu não estou louco." Mas o senhor lembra de: "Madame, por que a senhora ri desse embusteiro sem graça e, quando não sorri, ele fica mudo?" E assim a roda do tempo traz suas vinganças.

Malvólio – Eu me vingarei de vocês, o bando todo!

[Sai.]

Olívia – Ele foi maltratado além da conta.

Duque – Vá atrás dele, implore para que faça as pazes. Ele ainda não nos deu notícias do capitão.

[Sai Fabiano.]

Quando soubermos dele, e quando a hora mais auspiciosa aparecer, realiza-se a combinação solene de nossas almas cristãs. Nesse meio tempo, doce irmã, não partiremos daqui. Cesário, vamos. Sim, eu a chamo assim enquanto você for um homem. Mas, quando eu te enxergar de vestido, então serás a dona de Orsino, a rainha de seus sonhos.

[Saem, todos menos Feste.]

Feste canta.

Quando menino, um quase nada, pequeno,
Era "Ei, você, olá!", e o vento ventava, e a chuva chovia.
Ser criança é ser coisinha de brinquedo,
E a chuva caía, e caindo pingava, e era isso todo dia.

Quando eu cresci e virei adulto também,
Era "Ei, você, olá!", e o vento ventava, e a chuva chovia.
Não se dá bem com ladrão o homem de bem,
Ser criança é ser coisinha de brinquedo,
E a chuva caía, e caindo pingava, e era isso todo dia.

Quando chegou o dia de eu me casar,
Era "Ei, você, olá!", e o vento ventava, e a chuva chovia.
Fanfarrão não tinha como prosperar,
Ser criança é ser coisinha de brinquedo,
E a chuva caía, e caindo pingava, e era isso todo dia.

Quando chegou a hora de ser um ancião,
Era "Ei, você, olá!", e o vento ventava, e a chuva
chovia.
Muitos deles não passam de um beberrão,
Ser criança é ser coisinha de brinquedo,
E a chuva caía, e caindo pingava, e era isso todo dia.

Muito tempo atrás o mundo começou,
Era "Ei, você, olá!", e o vento ventava, e a chuva
chovia.
Mas isso é o de menos. A peça acabou!
E vamos tentar, cada vez mais, agradar a cada dia.

[Sai.]

SOBRE A TRADUTORA

Beatriz Viégas-Faria é tradutora formada pela Universidade Federal do Rio Grande do Sul (1986), com especialização em linguística aplicada ao ensino do inglês (UFRGS, 1991). Em 1999, concluiu mestrado na Pontifícia Universidade Católica do Rio Grande do Sul em linguística aplicada, com dissertação sobre a tradução de implícitos em *Romeu e Julieta*. Em 2004, concluiu doutorado com tese sobre tradução de implícitos em *Sonho de uma noite de verão* na mesma instituição. Em 2003, realizou pesquisa em estudos da tradução e tradução teatral na University of Warwick, Inglaterra. Começou a trabalhar com traduções de obras literárias em 1993 e, desde 1997, dedica-se também a traduzir as peças de William Shakespeare. É professora adjunta da UFPel. Em 2000, recebeu o Prêmio Açorianos de Literatura pela tradução de *Otelo* e, em 2001, o Prêmio Açorianos de Literatura com a obra *Pampa pernambucano (poesia, imagens, e-mails)*.

Coleção L&PM POCKET (LANÇAMENTOS MAIS RECENTES)

739.**A última legião** – Valerio Massimo Manfredi
740.**As virgens suicidas** – Jeffrey Eugenides
741.**Sol nascente** – Michael Crichton
742.**Duzentos ladrões** – Dalton Trevisan
743.**Os devaneios do caminhante solitário** – Rousseau
744.**Garfield, o rei da preguiça (10)** – Jim Davis
745.**Os magnatas** – Charles R. Morris
746.**Pulp** – Charles Bukowski
747.**Enquanto agonizo** – William Faulkner
748.**Aline: viciada em sexo (3)** – Adão Iturrusgarai
749.**A dama do cachorrinho** – Anton Tchékhov
750.**Tito Andrônico** – Shakespeare
751.**Antologia poética** – Anna Akhmátova
752.**O melhor de Hagar 6** – Dik e Chris Browne
753(12).**Michelangelo** – Nadine Sautel
754.**Dilbert (4)** – Scott Adams
755.**O jardim das cerejeiras** *seguido de* **Tio Vânia** – Tchékhov
756.**Geração Beat** – Claudio Willer
757.**Santos Dumont** – Alcy Cheuiche
758.**Budismo** – Claude B. Levenson
759.**Cleópatra** – Christian-Georges Schwentzel
760. **Revolução Francesa** – Frédéric Bluche, Stéphane Rials e Jean Tulard
761.**A crise de 1929** – Bernard Gazier
762.**Sigmund Freud** – Edson Sousa e Paulo Endo
763.**Império Romano** – Patrick Le Roux
764.**Cruzadas** – Cécile Morrisson
765.**O mistério do Trem Azul** – Agatha Christie
766.**Os escrúpulos de Maigret** – Simenon
767.**Maigret se diverte** – Simenon
768.**Senso comum** – Thomas Paine
769.**O parque dos dinossauros** – Michael Crichton
770.**Trilogia da paixão** – Goethe
771.**A simples arte de matar** (vol.1) – R. Chandler
772.**A simples arte de matar** (vol.2) – R. Chandler
773.**Snoopy: No mundo da lua! (8)** – Charles Schulz
774.**Os Quatro Grandes** – Agatha Christie
775.**Um brinde de cianureto** – Agatha Christie
776.**Súplicas atendidas** – Truman Capote
777.**Ainda restam aveleiras** – Simenon
778.**Maigret e o ladrão preguiçoso** – Simenon
779.**A viúva imortal** – Millôr Fernandes
780.**Cabala** – Roland Goetschel
781.**Capitalismo** – Claude Jessua
782.**Mitologia grega** – Pierre Grimal
783.**Economia: 100 palavras-chave** – Jean-Paul Betbèze
784.**Marxismo** – Henri Lefebvre
785.**Punição para a inocência** – Agatha Christie
786.**A extravagância do morto** – Agatha Christie
787(13).**Cézanne** – Bernard Fauconnier
788.**A identidade Bourne** – Robert Ludlum
789.**Da tranquilidade da alma** – Sêneca
790.**Um artista da fome** *seguido de* **Na colônia penal e outras histórias** – Kafka
791.**Histórias de fantasmas** – Charles Dickens
792.**A louca de Maigret** – Simenon
793.**O amigo de infância de Maigret** – Simenon
794.**O revólver de Maigret** – Simenon
795.**A fuga do sr. Monde** – Simenon
796.**O Uraguai** – Basílio da Gama
797.**A mão misteriosa** – Agatha Christie
798.**Testemunha ocular do crime** – Agatha Christie
799.**Crepúsculo dos ídolos** – Friedrich Nietzsche
800.**Maigret e o negociante de vinhos** – Simemon
801.**Maigret e o mendigo** – Simenon
802.**O grande golpe** – Dashiell Hammett
803.**Humor barra pesada** – Nani
804.**Vinho** – Jean-François Gautier
805.**Egito Antigo** – Sophie Desplancques
806(14).**Baudelaire** – Jean-Baptiste Baronian
807.**Caminho da sabedoria, caminho da paz** – Dalai Lama e Felizitas von Schönborn
808.**Senhor e servo e outras histórias** – Tolstói
809.**Os cadernos de Malte Laurids Brigge** – Rilke
810.**Dilbert (5)** – Scott Adams
811.**Big Sur** – Jack Kerouac
812.**Seguindo a correnteza** – Agatha Christie
813.**O álibi** – Sandra Brown
814.**Montanha-russa** – Martha Medeiros
815.**Coisas da vida** – Martha Medeiros
816.**A cantada infalível** *seguido de* **A mulher do centroavante** – David Coimbra
817.**Maigret e os crimes do cais** – Simenon
818.**Sinal vermelho** – Simenon
819.**Snoopy: Pausa para a soneca (9)** – Charles Schulz
820.**De pernas pro ar** – Eduardo Galeano
821.**Tragédias gregas** – Pascal Thiercy
822.**Existencialismo** – Jacques Colette
823.**Nietzsche** – Jean Granier
824.**Amar ou depender?** – Walter Riso
825.**Darmapada: A doutrina budista em versos**
826.**J'Accuse...! – a verdade em marcha** – Zola
827.**Os crimes ABC** – Agatha Christie
828.**Um gato entre os pombos** – Agatha Christie
829.**Maigret e o sumiço do sr. Charles** – Simenon
830.**Maigret e a morte do jogador** – Simenon
831.**Dicionário de teatro** – Luiz Paulo Vasconcellos
832.**Cartas extraviadas** – Martha Medeiros
833.**A longa viagem de prazer** – J. J. Morosoli
834.**Receitas fáceis** – J. A. Pinheiro Machado
835.(14).**Mais fatos & mitos** – Dr. Fernando Lucchese
836.(15).**Boa viagem!** – Dr. Fernando Lucchese
837.**Aline: Finalmente nua!!!** (4) – Adão Iturrusgarai
838.**Mônica tem uma novidade!** – Mauricio de Sousa
839.**Cebolinha em apuros!** – Mauricio de Sousa
840.**Sócios no crime** – Agatha Christie
841.**Bocas do tempo** – Eduardo Galeano
842.**Orgulho e preconceito** – Jane Austen
843.**Impressionismo** – Dominique Lobstein
844.**Escrita chinesa** – Viviane Alleton
845.**Paris: uma história** – Yvan Combeau
846(15).**Van Gogh** – David Haziot
847.**Maigret e o corpo sem cabeça** – Simenon
848.**Portal do destino** – Agatha Christie
849.**O futuro de uma ilusão** – Freud
850.**O mal-estar na cultura** – Freud

851.**Maigret e o matador** – Simenon
852.**Maigret e o fantasma** – Simenon
853.**Um crime adormecido** – Agatha Christie
854.**Satori em Paris** – Jack Kerouac
855.**Medo e delírio em Las Vegas** – Hunter Thompson
856.**Um negócio fracassado e outros contos de humor** – Tchékhov
857.**Mônica está de férias!** – Mauricio de Sousa
858.**De quem é esse coelho?** – Mauricio de Sousa
859.**O burgomestre de Furnes** – Simenon
860.**O mistério Sittaford** – Agatha Christie
861.**Manhã transfigurada** – Luiz Antonio de Assis Brasil
862.**Alexandre, o Grande** – Pierre Briant
863.**Jesus** – Charles Perrot
864.**Islã** – Paul Balta
865.**Guerra da Secessão** – Farid Ameur
866.**Um rio que vem da Grécia** – Cláudio Moreno
867.**Maigret e os colegas americanos** – Simenon
868.**Assassinato na casa do pastor** – Agatha Christie
869.**Manual do líder** – Napoleão Bonaparte
870(16).**Billie Holiday** – Sylvia Fol
871.**Bidu arrasando!** – Mauricio de Sousa
872.**Desventuras em família** – Mauricio de Sousa
873.**Liberty Bar** – Simenon
874.**E no final a morte** – Agatha Christie
875.**Guia prático do Português correto – vol. 4** – Cláudio Moreno
876.**Dilbert (6)** – Scott Adams
877(17).**Leonardo da Vinci** – Sophie Chauveau
878.**Bella Toscana** – Frances Mayes
879.**A arte da ficção** – David Lodge
880.**Striptiras (4)** – Laerte
881.**Skrotinhos** – Angeli
882.**Depois do funeral** – Agatha Christie
883.**Radicci 7** – Iotti
884.**Walden** – H. D. Thoreau
885.**Lincoln** – Allen C. Guelzo
886.**Primeira Guerra Mundial** – Michael Howard
887.**A linha de sombra** – Joseph Conrad
888.**O amor é um cão dos diabos** – Bukowski
889.**Maigret sai em viagem** – Simenon
890.**Despertar: uma vida de Buda** – Jack Kerouac
891(18).**Albert Einstein** – Laurent Seksik
892.**Hell's Angels** – Hunter Thompson
893.**Ausência na primavera** – Agatha Christie
894.**Dilbert (7)** – Scott Adams
895.**Ao sul de lugar nenhum** – Bukowski
896.**Maquiavel** – Quentin Skinner
897.**Sócrates** – C.C.W. Taylor
898.**A casa do canal** – Simenon
899.**O Natal de Poirot** – Agatha Christie
900.**As veias abertas da América Latina** – Eduardo Galeano
901.**Snoopy: Sempre alerta! (10)** – Charles Schulz
902.**Chico Bento: Plantando confusão** – Mauricio de Sousa
903.**Penadinho: Quem é morto sempre aparece** – Mauricio de Sousa
904.**A vida sexual da mulher feia** – Claudia Tajes
905.**100 segredos de liquidificador** – José Antonio Pinheiro Machado
906.**Sexo muito prazer 2** – Laura Meyer da Silva
907.**Os nascimentos** – Eduardo Galeano
908.**As caras e as máscaras** – Eduardo Galeano
909.**O século do vento** – Eduardo Galeano
910.**Poirot perde uma cliente** – Agatha Christie
911.**Cérebro** – Michael O'Shea
912.**O escaravelho de ouro e outras histórias** – Edgar Allan Poe
913.**Piadas para sempre (4)** – Visconde da Casa Verde
914.**100 receitas de massas light** – Helena Tonetto
915(19).**Oscar Wilde** – Daniel Salvatore Schiffer
916.**Uma breve história do mundo** – H. G. Wells
917.**A Casa do Penhasco** – Agatha Christie
918.**Maigret e o finado sr. Gallet** – Simenon
919.**John M. Keynes** – Bernard Gazier
920(20).**Virginia Woolf** – Alexandra Lemasson
921.**Peter e Wendy** *seguido de* **Peter Pan em Kensington Gardens** – J. M. Barrie
922.**Aline: numas de colegial (5)** – Adão Iturrusgarai
923.**Uma dose mortal** – Agatha Christie
924.**Os trabalhos de Hércules** – Agatha Christie
925.**Maigret na escola** – Simenon
926.**Kant** – Roger Scruton
927.**A inocência do Padre Brown** – G.K. Chesterton
928.**Casa Velha** – Machado de Assis
929.**Marcas de nascença** – Nancy Huston
930.**Aulete de bolso**
931.**Hora Zero** – Agatha Christie
932.**Morte na Mesopotâmia** – Agatha Christie
933.**Um crime na Holanda** – Simenon
934.**Nem te conto, João** – Dalton Trevisan
935.**As aventuras de Huckleberry Finn** – Mark Twain
936(21).**Marilyn Monroe** – Anne Plantagenet
937.**China moderna** – Rana Mitter
938.**Dinossauros** – David Norman
939.**Louca por homem** – Claudia Tajes
940.**Amores de alto risco** – Walter Riso
941.**Jogo de damas** – David Coimbra
942.**Filha é filha** – Agatha Christie
943.**M ou N?** – Agatha Christie
944.**Maigret se defende** – Simenon
945.**Bidu: diversão em dobro!** – Mauricio de Sousa
946.**Fogo** – Anaïs Nin
947.**Rum: diário de um jornalista bêbado** – Hunter Thompson
948.**Persuasão** – Jane Austen
949.**Lágrimas na chuva** – Sergio Faraco
950.**Mulheres** – Bukowski
951.**Um pressentimento funesto** – Agatha Christie
952.**Cartas na mesa** – Agatha Christie
953.**Maigret em Vichy** – Simenon
954.**O lobo do mar** – Jack London
955.**Os gatos** – Patricia Highsmith
956.**Jesus** – Christiane Rancé
957.**História da medicina** – William Bynum
958.**O Morro dos Ventos Uivantes** – Emily Brontë
959.**A filosofia na era trágica dos gregos** – Nietzsche
960.**Os treze problemas** – Agatha Christie
961.**A massagista japonesa** – Moacyr Scliar
962.**A taberna dos dois tostões** – Simenon
963.**Humor do miserê** – Nani
964.**Todo o mundo tem dúvida, inclusive você** – Édison Oliveira
965.**A dama do Bar Nevada** – Sergio Faraco

IMPRESSÃO:

GRÁFICA EDITORA
Pallotti
IMAGEM DE QUALIDADE

Santa Maria - RS - Fone/Fax: (55) 3220.4500
www.pallotti.com.br